Dietz Berlin / Analysen

AF524109

Paul Mattick

Die Rückkehr der Inflation

Geld und Kapital im 21. Jahrhundert

Aus dem Englischen von Felix Kurz

Dietz Berlin

Editorische Vorbemerkung:
Alle Zitate und Dokumente in diesem Band sind den Regeln der neuen Rechtschreibung angeglichen.

Bibliografische Informationen der Deutschen Nationalbibliothek.
Die Deutsche Nationalbibliothek verzeichnet diese Publikation in der Deutschen Nationalbibliografie; detaillierte bibliografische Daten sind im Internet über http://dnb.dnb.de abrufbar.

Gefördert von der Rosa-Luxemburg-Stiftung

»The Return of Inflation. Money and Capital in the 21st Century« von Paul Mattick erschien erstmals bei Reaktion Books, London,
© Paul Mattick 2023.

1. Auflage 2024
© Karl Dietz Verlag Berlin GmbH
Franz-Mehring-Platz 1
10243 Berlin
Alle Rechte vorbehalten

Gestaltung: Andreas Homann
Satz: Kerstin Davies
Druck und Bindung: Standart Impressa, Vilnius
Printed in Lithuania
ISBN 978-3-320-02417-8

Inhalt

»Monetäre Phänomene lassen niemanden gleichgültig. Sie faszinieren und beunruhigen jeden. Einerseits ist das Geld in einen so dichten Nebel aus Mysterien gehüllt, dass seine Steuerung und sein Studium dem Laien als ein esoterisches Treiben erscheinen, als Gebiete jenseits dessen, was sein Verstand zu erfassen vermag. Andererseits ist das Geld jene gesellschaftliche Realität, die am tiefsten in das Privatleben jedes Einzelnen eindringt, die noch die stärksten Freundschaften zerreißt und die festesten moralischen Vorsätze untergräbt. Vor dem rätselhaften Antlitz des Geldes stehen Ökonomen und Politiker nicht besser da als der einfache Mann auf der Straße.«

MICHEL AGLIETTA UND ANDRÉ ORLÉAN,
LA VIOLENCE DE LA MONNAIE

Vorwort zur deutschen Ausgabe

Wer ein Buch über ein aktuelles Phänomen schreibt, läuft offenkundig Gefahr, dass überraschende Wendungen eintreten, während es lektoriert, gedruckt und in den Handel gebracht wird. Das war meine Sorge, als ich vor drei Jahren anfing, an »Die Rückkehr der Inflation« zu arbeiten. Was wäre zum Beispiel, wenn »Team Temporär« recht behalten sollte, die Inflation des Jahres 2021 also vorübergehenden Faktoren wie den pandemiebedingt strapazierten Lieferketten oder dem Krieg in der Ukraine geschuldet wäre und sich schlicht in Luft auflösen würde, bis das Buch erscheint? Deshalb war ich froh, als ich um ein Vorwort zur deutschen Ausgabe gebeten wurde: Es würde mir die Gelegenheit geben, nicht nur Autoren und Ereignisse zu kommentieren, die im Originaltext ausgespart wurden, in Deutschland aber eine Rolle spielen, sondern auch auf etwaige unerwartete Entwicklungen einzugehen.

Letzteres erwies sich als unnötig. In den zentralen Wirtschaftsregionen hat sich die Inflation zwar abgeschwächt (während sie in vielen anderen Ländern weiter tobt), aber sie verharrt über der von Zentralbankern angestrebten Zielmarke von zwei Prozent. Deshalb zögern sie auch jetzt noch – Mitte Dezember 2023 –, die Leitzinsen zu senken; wie sie selbst erklären, sind sie sich unsicher, wie sich die Wirtschaft in der näheren Zukunft entwickeln wird. Neben den Zentralbankern bestätigen auch prominente Ökonomen eine zentrale These des Buches: Sie haben keine Ahnung, wie die Wirtschaft heute funktioniert, und folglich können sie auch keine Prognosen abgeben. Wie der Nobelpreisträger Paul Krugman in seiner Zeitungskolumne beim lauten Grübeln über die Inflationsaussichten meinte: »Fragen Sie nicht die Ökonomen. [...] Meine eigene Einschätzung? Ich weiß es nicht.«[1] Laut Krugman kann uns die gesamte Zunft der Wirtschaftswissenschaftler weder sagen, wie die Inflation weiter verlaufen wird, noch begründen, welche Inflationsrate einer gesunden Wirtschaft am förderlichsten wäre – zwei Prozent? Drei Prozent? Vier Prozent? Einige von der *Financial Times* befragte Ökonomen mahnen unterdessen, »die Öffentlichkeit solle weniger darauf schauen, ob sich Prognosen als zutreffend erweisen«, was man »unmöglich im Voraus wissen könne«, und sich stattdessen fragen, »ob sie Aufschluss über die Wirtschaft zum jetzigen Zeitpunkt bieten«.[2] Im Unterschied zu anderen Wissenschaften sagen uns Prognosen in der Wirtschaftswissenschaft demnach nicht etwas Bestimmtes über die Zukunft, sondern lediglich darüber, wie manche Leute das aktuelle Geschehen sehen. Und selbst darüber sind sie sich unsicher.

Trotz dieser allgemeinen Ungewissheit hat sich seit der Fertigstellung des Buches auch am Konsens über das beste Heilmittel gegen Inflation nichts geändert: Hohe Zinssätze sollen es richten. Allerdings erhielt ein neuer Ton in der Debatte Einzug, als die Ökonomin Isabella Weber für Aufregung sorgte, weil sie die Ursache des Problems in Preiserhöhungen der Unternehmen ausmachte und daher statt einer strafferen Geldpolitik Preiskontrollen empfahl.[3] (Paul Krugman machte Weber mit der Bemerkung berühmt, ihr Vorschlag sei »wahrhaft dumm«, entschuldigte sich später allerdings für sein schlechtes Benehmen.) Wie andere Wirtschaftswissenschaftler sah Weber den Grund für die aktuelle Inflation in »Angebotsschocks«, die »aus den sich überschneidenden globalen Notlagen von Pandemie, Klimawandel und geopolitischer Konfrontation« erwüchsen.[4] Mit Blick auf eine ähnliche Situa-

1 Paul Krugman: Wonking Out. How Low Must Inflation Go?, in: New York Times, 9.6.2023.

2 Why Are Central Bank Forecasts So Wrong?, in: Financial Times, 17.5.2023.

3 Isabella Weber: Could Strategic Price Controls Help Fight Inflation?, in: The Guardian, 29.12.2021.

4 Isabella Weber u. a.: Inflation in Times of Overlapping Emergencies. Systemically Significant Prices from an Input-output Perspective, Economic Department Working Paper Series 340, University of Massachusetts Amherst, 2020, S. 2.

tion in den Vereinigten Staaten unmittelbar nach dem Zweiten Weltkrieg argumentierte sie jedoch, damals wie heute hätten »Großunternehmen mit Marktmacht die Lieferschwierigkeiten als Gelegenheit dafür genutzt, die Preise zu erhöhen und Zufallsgewinne einzustreichen«.[5] Da die Ursache des Problems demnach nicht in einer zu starken Ausweitung der Geldmenge oder steigenden Löhnen bestand, plädierte sie für Preiskontrollen bei Schlüsselgütern, was effektiver sei und zugleich die breite Bevölkerung weniger belaste als eine Drosselung der Konjunktur durch höhere Leitzinsen. Diese Verschiebung in der analytischen Perspektive hatte politische Implikationen: Dass Weber die Unternehmen für die Inflation haftbar machte und eine direkte staatliche Regulierung von Preisen forderte, gab ihrer Intervention einen gewissen linken Anstrich.

Webers Artikel löste Kontroversen aus und wurde auch mit Beleidigungen quittiert. Trotz politischer Nähe zu Weber wies der Historiker und Wirtschaftsblogger Adam Tooze auf Mängel in ihrer Analogie mit den 1950er-Jahren hin und erinnerte an das Debakel der amerikanischen Preiskontrollen in den 1970er-Jahren. Mit Blick auf die Fakten, die ihrer Argumentation zugrunde liegen, bemerkte er, es sei »unwahrscheinlich, dass ein allgemeiner Anstieg der Gewinnmargen die Ursache des Problems ist«.[6] Dabei folgte er der Analyse des Ökonomen Joseph Politano vom U.S. Bureau of Labor Statistics, der durch eine Auswertung von Daten über Preise und Profite zu dem Schluss gelangte, dass »hohe Gewinnmargen nicht zu hoher Inflation führen und häufig auch nicht mit ihr korrelieren – und aktuell sind sie nicht einmal besonders stark gestiegen. [...] Und wären Preiskontrollen ein effektives Mittel der Inflationsbekämpfung? Keineswegs.«[7]

Das herkömmliche Bemühen, den allgemeinen Preisauftrieb so schnell wie möglich zu beenden, hielt Tooze in

5 Weber: Could Strategic Price Controls Help Fight Inflation?

6 Adam Tooze: Chartbook #65: Inflation and Price Controls, unter adamtooze.substack.com, 2.1.2022.

7 Joseph Politano: Are Rising Corporate Profit Margins Causing Inflation?, in: Apricitas Economics, 1.1.2022, unter https://www.apricitas.io/p/are-rising-corporate-profit-margins.

jedem Fall für falsch: »Es gibt gute Gründe für eine andere Annahme: Je mehr Zeit wir uns dabei lassen, die Inflation wieder auf zwei Prozent herunterzubringen, umso besser.« Zum einen beschleunige die Inflation das nominelle Wachstum des Bruttoinlandsprodukts (BIP) und senke so die an ihm gemessene Staatsschuldenquote. Zum anderen müsse man die von Institutionen wie der Bank für internationalen Zahlungsausgleich (BIZ) formulierte (und im vorliegenden Buch erörterte) Befürchtung, eine anhaltende Inflation könne die Lohnforderungen der Arbeiter befeuern, nicht teilen, wenn man »eine Welt anstrebt, in der die organisierte Arbeiterschaft stärker ist«. Während Stimmen wie die BIZ ein Wiedererstarken der Arbeiterbewegung als potenzielle Gefahr betrachten, steht die Gesellschaft aus Sicht von Tooze in Wirklichkeit vor ganz anderen Problemen: »Armut, Ungleichheit, Prekarität und Machtgefälle auf den Arbeitsmärkten«. Dass selbst Linke auf die Inflation fixiert seien und nicht auf »die sozialen Probleme, die die Krise der Lebenshaltungskosten sichtbar macht«, schloss Tooze, »zeugt fraglos von tiefer Skepsis gegenüber der Wirksamkeit einer staatlichen Umverteilungspolitik, die den Hauptleidtragenden der derzeitigen Krise der Lebenshaltungskosten zugutekommen würde«.[8] Während er Weber im Geiste links überholte, stellte Tooze zugleich fest, dass es nennenswerte gesellschaftliche Kräfte, die Interesse an einer solchen Politik hätten, nicht gebe, und verzichtete auf praktische Ratschläge. Die Möglichkeit, dass die »Hauptleidtragenden«, anstatt auf den Staat zu warten, selbst gesellschaftlichen Aufruhr organisieren könnten, zog er gar nicht erst in Betracht.

Weber bekam 2022 die Gelegenheit, ihre Theorie in die Praxis umzusetzen, als das Bundeswirtschaftsministerium sie nach der Einstellung der russischen Erdgaslieferungen, von denen Deutschland abhängig geworden war, in eine Kommission zur Regulierung der Gaspreise berief. Die schließlich beschlossene »Gaspreisbremse« garantierte Haushalten und Unternehmen eine begrenzte Menge Gas zu einem von der

8 Adam Tooze: Chartbook #164: The Return of TINA & the Impasse of 2022 Inflation Politics, unter adamtooze.substack.com, 26.10.2022.

Regierung festgelegten Preis – für den Verbrauch darüber hinaus mussten sie den Marktpreis zahlen –, während die Anbieter staatliche Ausgleichszahlungen erhielten, um Gewinneinbußen zu verhindern. Mit anderen Worten: »Preiskontrolle« bedeutete hier nichts anderes als eine Subventionierung der Versorgung mit fossilen Brennstoffen, um die Belastung von Unternehmen und Verbrauchern zu lindern – und obendrein wurde die Maßnahme auch noch teilweise durch eine Steuer auf erneuerbare Energien finanziert.[9] Da steigende Gaspreise »der Haupttreiber der Inflation« seien, so Weber, sollte ihre Deckelung zeigen, wie man »den Preisauftrieb bei Ressourcen verhindert, die in alle Wirtschaftstätigkeiten einfließen«.[10] Der *New Yorker* berichtete in einem wohlwollenden Porträt der Ökonomin, vier Monate nach der Einführung der Gaspreisbremse sei die Inflation in Deutschland »auf 7,4 Prozent gefallen – und lag damit zum ersten Mal seit einem halben Jahr unter 8 Prozent«.[11]

So überzeugend Wirtschaftspolitiker Webers Gedanken auch fanden, das Beharren der Europäischen Zentralbank (EZB) auf der Standardmethode der Inflationsbekämpfung – höhere Zinsen – stellten sie nicht infrage. Trotz Webers Intervention in die Debatte hat es in keinem Land der Welt einen dauerhaften Übergang zu Preiskontrollen gegeben, sofern wir den »Antiinflationspakt«, den die italienische Regierung im Oktober 2023 mit Handelsunternehmen schloss, um drei Monate lang Preiserhöhungen bei ausgewählten Grundbedarfsgütern zu verhindern, nicht dazu zählen.[12] Im November 2023 kündigte die deutsche Regierung Steuererleichterungen von 28 Milliarden Euro an, um »das von Problemen

9 Arne Delfs u. a.: Germany Plans €54 Billion Package to Contain Energy Surge, unter www.energyconnects.com/news/utilities/2022/november/germany-plans-54-billion-package-to-contain-energy-surge.

10 Christopher Eldred: USC Berggruen Fellow Isabella Weber Leads Transnational Evolution in Ideas in Inflation, Economic Policy As Germany adopts »Gas Price Brake«, in: Berggruen Institute Newsletter, 14.11.2022.

11 Zachary Carter: What if We're Thinking about Inflation All Wrong?, in: The New Yorker, 6.6.2023.

12 Italy's Anti-Inflation Pact Aims to Keep the Lid on Pasta Prices, in: Financial Times, 9./10.9.2023.

geplagte herstellende Gewerbe vor hohen Energiekosten zu schützen«.[13]

Webers Idee und die von ihr ausgelöste Kontroverse waren keineswegs neu. Sie verwies selbst auf Abba P. Lerners Gedanken einer »Verkäuferinflation«, den er 1958 in seinem Beitrag zu einer Reihe von Papieren für den Wirtschaftsausschuss des US-Kongresses formuliert hatte: »Preise können aufgrund des Drucks von Verkäufern steigen, die ihre Produkte teurer anbieten, selbst wenn sie sie nicht ohne Mühe an den Mann bringen können«, schrieb Lerner, wobei er hinzufügte, dass eine solche Situation eine Vergrößerung der Geldmenge erfordere.[14] Während Lerner rein theoretisch argumentierte, legte Bert G. Hickmans dem Wirtschaftsausschuss eine sorgfältige Analyse der Nachkriegsentwicklungen vor, in der er zu einem ähnlichen Ergebnis kam: Inflation aufgrund »administrierter« Preise – also vom Staat oder Großunternehmen mit viel Marktmacht festgelegter Preise – sei eine unbestreitbare Tatsache, aber nur flankiert von einer lockeren Geld- und Kreditpolitik möglich, die die Nachfrage stärkt und eine »inflationäre Tendenz« erzeugt, wie damals in der US-Wirtschaft der Fall.[15] Dagegen schloss Martin J. Bailey in derselben Reihe von Papieren für den Wirtschaftsausschuss aus einer Auswertung datenbasierter Expertenmeinungen, es gebe »keine allgemeine Einigkeit über die Fakten zu administrierten Preise und auch keine [theoretische] Analyse [...], die Einigkeit über ihre praktische Bedeutung herstellen könnte«.[16]

Wie im vorliegenden Buch bemerkt, wurden ähnliche Auffassungen auch während der »Großen Inflation« der 1970er-Jahre diskutiert, wobei einerseits die Rolle administrierter Preise weithin außer Frage stand und andererseits

13 Berlin Agrees €28bn in Business Subsidies, in: Financial Times, 10.11.2023.

14 Abba P. Lerner: Inflationary Depression and the Regulation of Administered Prices, in: Joint Economic Committee (Hrsg.): The Relationship of Prices to Economic Stability and Growth, Washington 1958, S. 258.

15 Bert G. Hickman: An Interpretation of Price Movements Since the End of World War II, in: ebd, S. 205–208. Interessant ist, dass Hickman – den Weber nicht zitiert – wie sie der Auffassung war, zeitweilige Engpässe würden als Gelegenheit für Preissteigerungen genutzt.

16 Martin J. Bailey: Administered Prices in the American Economy, in: ebd., S. 80.

eine monetaristische Position bestand, die einer übermäßigen Ausweitung der Geldmenge die Schuld gab. Bereits vor dem Ausbruch der aktuellen Inflation kam der Internationale Währungsfonds (IWF) 2019 zu dem Ergebnis, die Marktmacht namentlich »dynamischer, also besonders produktiver und innovativer« Firmen habe »in sämtlichen entwickelten Volkswirtschaften deutlich zugenommen, wie der Anstieg der Preis-Grenzkosten-Margen um 8 Prozent seit dem Jahr 2000 zeigt«.[17] In einem IWF-Papier vom Juni 2023 hieß es dann, dass »die Stückgewinne in der Eurozone steil gestiegen sind« und am stärksten zur Inflation beitrügen – mehr als die Lohnzuwächse. Interessanterweise wurde in dem Papier betont, dies bedeute »nicht unbedingt, dass die Rentabilität (Gewinnmarge) gestiegen wäre«, denn die Verteuerung von Energieimporten und anderen Gütern bürde den Unternehmen der Eurozone zugleich steigende Kosten auf. Doch »Preise sind elastischer als Löhne – Firmen können sie schnell anpassen, um ihre Gewinnmargen zu halten, während Löhne unter anderem aufgrund bestehender Tarifverträge starrer sind«.[18] Aus dieser Analyse folgt, dass Preiskontrollen vor allem das Bemühen erschweren würden, eine normale Profitabilität aufrechtzuerhalten; die IWF-Autoren schlossen mit der Empfehlung des üblichen Rezepts: Eine straffere Geldpolitik soll die Inflation bezwingen.

Das IWF-Papier erhellt allerdings, wie neben solchen Analysen (die Weber als Bestätigung ihrer Ansicht versteht[19]) zugleich Stimmen wie Politano und Tooze unter Berufung auf dieselben statistischen Daten darauf beharren können, die Inflation ab 2021 solle man nicht als »Gierflation« deuten, an der die Unternehmer schuld seien. Und es lässt sich an ihm

---

17 International Monetary Fund: World Economic Outlook, April 2019: Growth Slowdown, Precarious Recovery, S. 55, unter https://www.imf.org/en/Publications/WEO/Issues/2019/03/28/world-economic-outlook-april-2019.

18 Niels-Jakob Hansen/Frederik Toscani/Jing Zhou: Euro Area Inflation after the Pandemic and Energy Shock. Import Prices, Profits and Wages, International Monetary Fund Working Paper 131 (Juni 2023), S. 5, unter https://www.imf.org/en/Publications/WP/Issues/2023/06/23/Euro-Area-Inflation-after-the-Pandemic-and-Energy-Shock-Import-Prices-Profits-and-Wages-534837.

19 Isabella Weber: Taking Aim at Sellers' Inflation, in: Social Europe, 18.7.2023.

der vielleicht nicht sofort ersichtliche Unterschied zwischen Webers Argumentation und jener verdeutlichen, die im vorliegenden Buch entfaltet wird. Sämtliche an der derzeitigen Diskussion beteiligten Ökonomen gehen von der Annahme aus, strapazierte Lieferketten und geopolitische Ereignisse seien die Ursache eines »Kostenschocks« gewesen, auf den Unternehmen und Arbeiter dann reagiert hätten. Obwohl allgemein anerkannt wird, dass es einen Konjunkturzyklus gibt, der in der Geschichte des Kapitalismus zu einem beständigen Wechsel von Prosperität und Depression geführt hat, werden wichtige ökonomische Entwicklungen nur selten im Rückgriff auf die innere Dynamik des bestehenden Wirtschaftssystems erklärt. Als Grund für ein Phänomen wie die derzeitige Inflation gelten dann folgerichtig die Reaktionen ökonomischer Akteure auf spezifische Ereignisse wie die Corona-Pandemie, und frühere Situationen werden auf ähnliche Muster hin untersucht, die die gegenwärtigen Entwicklungen erhellen könnten.

Damit verbunden ist ein weiterer Aspekt dieses theoretischen Rahmens: Die Globalisierung, die jahrzehntelang im Vordergrund der Diskussion stand, spielt keine Rolle. Wie sehr die moderne Wirtschaft jedoch einen internationalen Charakter hat, illustriert ein US-Unternehmen wie beispielsweise Apple, dessen Profite – aus Steuergründen in Irland geparkt – von Arbeitern in einer Vielzahl von Ländern erzeugt werden: Sie produzieren die Komponenten, ein taiwanesischer Konzern lässt sie gegen entsprechende Gewinnbeteiligung in chinesischen Fabriken montieren, dann werden die Produkte in die Verkaufsstellen rund um den Globus transportiert. Obwohl die transnationale Verfasstheit des Wirtschaftssystems niemandem entgangen ist, nehmen Analysen zumeist einzelne Länder in den Blick. Die derzeitige Stagnation der britischen Wirtschaft zum Beispiel – das nachlassende Wachstum von Produktivität und Löhnen – führt Martin Wolf in der *Financial Times* auf die niedrigen Investitionen im Land zurück, die wiederum Ergebnis einer niedrigen nationalen Sparquote und einer Reihe unglücklicher Entscheidungen der Regierung seien.[20] In derselben Ausgabe der *FT* heißt es, Schwedens Wirtschaftswachstum werde durch die Gewalt zwischen Drogengangs gefährdet, obwohl das Verhältnis von Ursache und Wirkung eher umgekehrt sein dürfte, wenn man die aktuellen ökonomischen Schwierigkeiten bedenkt: Die Zentralbank »erwartet, dass die Wirtschaft in diesem und dem nächsten Jahr schrumpfen wird, während die Arbeitslosigkeit steigt [...] und die Verschuldung der Privathaushalte ein Rekordniveau erreicht hat«.[21] Andere Artikel befassen sich mit der dramatischen Schwächung der chinesischen Wirtschaft – sie durchläuft nun eine Deflation, während riesige Immobilienblasen platzen, die Investitionen zurückgehen und die Industrieproduktion an Schwung verliert – sowie mit der abnehmenden Zahl von freien Stellen in den USA. Alle diese Entwicklungen werden in der Öffentlichkeit unabhängig voneinander behandelt.

Im Gegensatz dazu ist mein Ausgangspunkt die globale Wirtschaft als ein Ganzes, und was sie beherrscht, sind Veränderungen der Profitabilität des »gesellschaftlichen Gesamtkapitals« (Karl Marx), die der Menge an Profit, die die verschiedenen Unternehmen in den verschiedenen Weltregionen einheimsen können, eine Grenze zieht. Diese Profitabilität des Weltkapitals ist keiner Statistik zu entnehmen, aber ihre Wechselfälle werden im Auf und Ab des globalen Konjunkturzyklus umso deutlicher sichtbar, wie die internationalen Kapitalverflechtungen seit dem späten 19. Jahrhundert zugenommen haben.[22] Unternehmen sind nicht nur deshalb auf Rendite aus, damit sich ihre Topmanager Yachten kaufen können, sondern um zu investieren, weiter zu wachsen und wettbewerbsfähig zu bleiben. Mangelnde Investitionen – in Rohstoffe, Gebäude, Maschinerie und Arbeitskräfte – drücken sich in Arbeitslosigkeit und stagnierenden Märkten für Pro-

20 Britain Needs a Way Out of its Stagnation, in: Financial Times, 6.12.2023.

21 Sweden's Growth at Risk from Gang Violence, in: Financial Times, 6.12.2023.

22 Eine ungewöhnliche und ungewöhnlich aufschlussreiche Darstellung des Phänomens bietet Jose A. Tapia: Six Crises of the World Economy. Globalization and Economic Turbulence from the 1970s to the COVID-19 Pandemic, Basingstoke 2023.

duktions- wie Konsumgüter aus. Seit der Großen Depression ab 1929 haben Regierungen aus Angst vor den gesellschaftlichen Folgen von Massenarbeitslosigkeit Geld in die Wirtschaft gepumpt, um das ungenügende Wachstum privater Firmen auszugleichen – durch Rüstungskäufe, Unternehmenssubventionen und den Ausbau des Sozialstaats (oder des Gefängnissystems). Da aber das Geld, das der Staat verteilt oder auf Güter wie Kampfjets, Bomben und Haftanstalten verwendet, aus der Besteuerung des Privatsektors stammt oder dort als Kredit aufgenommen wurde, heben solche Ausgaben die allgemeinen Gewinne schwerlich an. Dieser Niedergang der weltweiten Profitabilität, ablesbar an den immer schwächeren Wachstumsraten seit den 1970er-Jahren, die nur eine pausenlose Zunahme der Staats-, Unternehmens- und Privatverschuldung noch auf ihrem derzeitigen Niveau hält, dient mir zur Erklärung der inflationären Tendenz des Kapitalismus seit dem Zweiten Weltkrieg.

Profit entsteht nicht durch einen Preisaufschlag auf die Kosten; wäre dies so, dann müssten Investitionen und Wachstum nicht an Grenzen stoßen. Er ist der Überschuss des realen Outputs der Produktion über den Input, beides ausgedrückt als Geld, das investiert und später im Verkauf erzielt wird. Im Kapitalismus stellt der Geldpreis das einzige funktionale Maß für den Gebrauch der Ressourcen dar, die in die gesellschaftliche Reproduktion eingehen; indem sie die Preise der von ihnen angebotenen Güter und Dienstleistungen festlegen, konkurrieren Unternehmen um Anteile an der Profitmasse, die die globalen Kapitalinvestitionen abwerfen. Manche senken sie, um Marktanteile zu erobern; dafür müssen sie entweder die Produktivität ihrer Arbeiter steigern oder zeitweilig Verluste hinnehmen. Andere – seit einer Weile eine wachsende Zahl – machen sich ihre marktbeherrschende Stellung, temporäre Engpässe oder staatliche Subventionen zunutze, um die Preise zu erhöhen. Die von den Zentralbanken unterstützte Kreditausweitung seitens der Finanzinstitute hat die Geldmenge bereitgestellt, die der Anstieg des durchschnittlichen Preisniveaus erfordert.

Vor diesem Hintergrund schärft ein neueres Handbuch Unternehmern ein, wie wichtig es sei,

> »die Rolle höherer Preise für den Geschäftserfolg zu begreifen. Tatsächlich gibt es viele Belege dafür, dass die meisten rasch wachsenden Unternehmen nicht etwa niedrige, sondern *Höchstpreise* verlangen. Untersuchungen der *Harvard Business Review* zeigen, dass Preise der mit Abstand mächtigste ›Hebel‹ sind, um die Gewinne zu steigern.«[23]

Und diesem Rat folgt die Geschäftswelt auch weiterhin:

> »Große Unternehmen, die bislang einmal im Jahr ihre Preise erhöht haben, tun dies nun mehrmals jährlich. Einzelhändler nutzen vermehrt digitale Preisanzeigen, die sie per Knopfdruck ändern können. Quer durch die Wirtschaft testen die Unternehmensführungen zurzeit de facto aus, welche Preise die Verbraucher noch zu zahlen bereit sind, bevor sie abspringen.«[24]

Isabella Weber hat sich einen Namen damit gemacht, hinlänglich bekannte Fakten über die heutige Wirtschaft in die akademische Debatte einzuführen, aber nicht begriffen, dass es eine Inflationsbekämpfung zulasten der ohnehin schon ungenügenden Profite nicht geben wird.

Der derzeitige Rückgang der Inflation in der Eurozone wird allgemein auf die Zinserhöhungen der EZB zurückgeführt, so als ob nicht zum Beispiel die extrem niedrige Wachstumsrate in Deutschland die Fortsetzung eines Trends wäre, der weit vor der Pandemie begonnen hat und direkt mit dem Los der chinesischen Wirtschaft zusammenhängt. Ähnlich wird das Nachlassen der Inflation in den USA als Rechtfertigung der Hochzinspolitik der Federal Reserve gesehen, die die Wirtschaft offenbar genau so stark bremst wie für eine Drosselung des Preisauftriebs notwendig. Wie können wir unterscheiden, was

23 David Falzani: Double Your Price. The Strategy and Tactics of Smart Pricing, Harlow 2023, S. 18, 64.

24 Testing the Limits of Price Increases, in: New York Times, 11.12.2023.

auf die Zentralbankpolitik zurückgeht und was von allgemeinen Wirtschaftstrends bewirkt wird? Um diese Frage zu klären, ist ein ähnliches, damit verbundenes Thema aufschlussreich. In den Vereinigten Staaten

> »ist die Zahl der Menschen mit einem Einkommen unter der Armutsgrenze im Jahr 2022 um ernüchternde 15,3 Millionen gestiegen […], nachdem die während der Pandemie eingeführten Hilfsmaßnahmen einschließlich der höheren Steuergutschrift für Kinder ausgelaufen sind. Die Armutsrate bei Kindern hat sich vom historischen Tiefstand von 5,2 Prozent (2021) auf 12,4 Prozent mehr als verdoppelt, womit die beispiellosen Erfolge, die in den vorhergehenden zwei Jahren auf diesem Feld erzielt werden konnten, vollständig zunichtegemacht wurden.«[25]

Das bedeutet jedoch nur, dass die kapitalistische Ökonomie sich selbst überlassen eine solche Verarmung produziert – ein Zustand, dem die Regierung mit Steuermitteln und geliehenem Geld kurzzeitig entgegenwirkte, indem sie den Lebensstandard von Menschen, die ihre Familien durch Lohnarbeit nicht ernähren konnten, etwas anhob. In ähnlicher Weise hat das Ende der Politik des lockeren Geldes und der niedrigen Zinsraten, die jahrzehntelang die Kreditausweitung gefördert haben, deutlich gemacht, an welche inneren Schranken Kapitalinvestitionen und Wachstum stoßen. Bis zu einer erneuten Senkung der Zinssätze wird der weitere Rückgang von Einkommen und Investitionen die Inflation verlangsamen, da er den Spielraum für Preiserhöhungen begrenzt. Gerade diese Konjunkturabschwächung aber wird es wiederum nötig machen, das Finanzsystem weiter mit Geld zu versorgen. Wie ein beunruhigter Investor kürzlich bemerkte:

25 Sharon Parrott: Record Rise in Poverty Highlights Importance of Child Tax Credit, Center on Budget and Policy Priorities, 12.9.2023, unter https://www.cbpp.org/press/statements/record-rise-in-poverty-highlights-importance-of-child-tax-credit-health-coverage.

> »Die Finanzmärkte brauchen Liquidität, um die riesigen Schuldenberge von Unternehmen, Haushalten und Staaten weiter tragen zu können. Nach unseren Schätzungen werden von acht Dollar, die auf den globalen Finanzmärkten die Hände wechseln, inzwischen stolze sieben für die Refinanzierung bestehender Kredite ausgegeben. Von dem für ›neue‹ Finanzierungen verbleibendem einen Dollar fließt unterdessen ein immer größerer Anteil in die wachsenden Staatsdefizite.«[26]

Die Alternative zur Bereitstellung solchen Geldes bestünde darin, ein rapides Abrutschen in eine weltweite Rezession hinzunehmen, die sich mit der Großen Depression messen könnte. Bis jetzt haben sich die Zentren des Kapitalismus – die USA, die Eurozone, Japan und China – für diese Möglichkeit nicht offen gezeigt. Deshalb müssen sie sich weiter Geld leihen und die Kreditlinien hinreichend ausweiten, um das gesellschaftliche System auf einem akzeptablen Niveau am Laufen zu halten. So lange das so bleibt, können wir davon ausgehen, dass auch die inflationäre Tendenz anhalten wird, die in den vergangenen fünfzig Jahren den Niedergang der Weltwirtschaft verdeckt hat.

Paul Mattick
Dezember 2023

26 Michael Howell: Greater Liquidity Heralds Return of Quantitative Easing, in: Financial Times, 29.6.2023.

Einleitung

»Wenn Ihnen unklar scheint, wie es um die Wirtschaft steht«, begann ein Artikel in der *Washington Post* Anfang November 2022, »dann seien Sie beruhigt – den Leuten, die für ihre Stabilisierung zuständig sind, geht es genauso.« Konkreter:

> »Als die Federal Reserve diese Woche abermals die Leitzinsen anhob, wusste sie zur Frage, wie sie die Inflation bekämpfen will, ohne eine Rezession auszulösen, im Grunde nur eines vorzubringen: Das sei unklar. Wie stehen die Chancen, eine Rezession zu vermeiden? ›Schwer zu sagen‹, räumte Fed-Präsident Jerome H. Powell ein. Wie hoch werden die Zinssätze steigen? ›Völlig ungewiss‹. In einer einstündigen Pressekonferenz am Mittwoch sagte Powell vier Mal: ›Das weiß ich nicht.‹«[1]

Ein so unverblümtes Bekenntnis zur eigenen Ahnungslosigkeit ist neu, die Geschichte des theoretischen und prognostischen Versagens von Ökonomen dagegen altbekannt.[2] Um ein berühmt gewordenes Beispiel zu nehmen: Als Queen Elizabeth II. am 5. November 2008, inmitten des atemberaubendsten wirtschaftlichen Zusammenbruchs seit 1929, ein neues Gebäude der London School of Economics einweihte, nutzte sie die Gelegenheit, um die versammelten renommierten Wirtschaftswissenschaftler zu fragen, warum niemand die Finanzkrise habe kommen sehen.[3] In einer später veröffentlichten Antwort gestand eine Gruppe von Ökonomen ein, dass »das Unvermögen, Zeitpunkt, Ausmaß und Schwere der

1 Rachel Siegel: Where's the Economy Headed? To Quote the Fed Chief, »Hard to Say«, in: Washington Post, 5.11.2022.

2 Paul Mattick: Social Knowledge. An Essay on the Nature and Limits of Social Science, 2. Aufl., London 2021.

3 The Telegraph, 5.11.2008.

Krise vorherzusehen und sie abzuwenden, zwar zahlreiche Ursachen hatte, primär aber ein Unvermögen der kollektiven Vorstellungskraft vieler kluger Menschen hier und im Ausland darstellte, die die Risiken des Systems insgesamt nicht erkannten«.[4] Dieses Eingeständnis mangelnder Vorstellungskraft ist keine hinreichende Erklärung dafür, dass eine vermeintliche Wissenschaft in ihrer Prognostik derart fehlging. Richtig ist dagegen, dass die Blindheit für den heraufziehenden Kollaps die gesamte Zunft betraf, wobei sie nicht nur den Zeitpunkt und die Schwere der Krise nicht erkannte, sondern die gesamte Instabilität des Systems übersah. Der Kontrast zur Klimawissenschaft, die Phänomene ähnlicher (oder sogar höherer) Komplexität analysieren muss, die Gestalt der heraufziehenden Katastrophen aber recht präzise vorhergesagt hat (wenn auch vielleicht nicht die Geschwindigkeit, mit der sie eingetreten sind), ist frappierend.

Auf dieses spektakuläre Versagen folgten weitere Schläge für das Selbstwertgefühl der Zunft, doch daran scheinen sich die Ökonomen mittlerweile zu gewöhnen. Viele von ihnen hatten erwartet, dass der massive Anstieg von Haushaltsdefiziten und Staatsschulden, die die Krisenbekämpfung ab 2008 mit sich brachte, verheerende Inflationsraten, steigende Zinssätze und einen Verlust von Vertrauen in den Dollar bewirken würden. Als diese Übel ausblieben, schlugen sie – ohne nennenswerte Begründung – neue unbeschwerte Töne an, was den Zusammenhang zwischen Defiziten und Inflation betraf. Ein namhaftes Beispiel dafür ist Olivier Blanchard, ehemals Chefökonom des IWF und heute Senior Fellow des marktwirtschaftlich orientierten Peterson Institute for International Economics, der munter erklärte: »Ich denke, zurzeit macht sich niemand große Sorgen wegen der Schulden. Es ist klar, dass wir den Weg, auf dem wir uns gerade befinden, wohl fortsetzen können, das heißt Staatsschulden von über 100 Prozent [des BIP] in vielen Ländern. Das ist nicht der Weltuntergang.«[5]

4 The Guardian, 26.7.2009.

5 Matt Phillips: We Have Crossed the Line Debt Hawks Warned Us About for Decades, in: New York Times, 21.8.2020.

Unterdessen verlautbarte Kenneth Rogoff, ein Harvard-Experte für Staatsschulden und Wirtschaftswachstum, dessen Arbeiten häufig für die Bekämpfung des Haushaltsdefizits unter US-Präsident Obama ins Feld geführt wurden: »Jede vernünftige Politik verlangt von uns, dass wir das Defizit noch lange Zeit steigern, sofern möglich. Wenn wir noch mal zehn Billionen hochgehen, würde ich im Moment nicht mal mit der Wimper zucken.«[6] Am deutlichsten wurde die kognitive Dissonanz vielleicht in einer Äußerung von Maya MacGuineas, ihres Zeichens Vorsitzende des Committee for a Responsible Federal Budget, die einen doppelten Appell an ihre Kollegen in der amerikanischen Expertenwelt richtete: »Wir sollten das Defizit im Auge behalten und uns riesige Sorgen machen, und wir sollten es weiter vergrößern.«[7]

Diese unbekümmerte Haltung war indes nicht von Dauer. Nachdem sie sich eine gesamte Dekade lang gefragt hatten, warum die Inflation so niedrig blieb, wunderten sich die Ökonomen im Jahr 2021, warum sie plötzlich so hoch war. Im Frühling des Jahres, bemerkte ein Wirtschaftskorrespondent der *Los Angeles Times*, wurden sie »bei der Inflationsprognostik zu einer gewissen Demut ermahnt«, denn die Preise stiegen »deutlich über das von der Wall Street und den Entscheidungsträgern erwartete Ausmaß«.[8] Über die Gründe dafür bestand weitgehend Uneinigkeit. War die Inflation, wie eine Fraktion der Ökonomen erklärte, ein verspätetes Ergebnis der massiven Finanzspritzen, mit denen die Regierungen seit der »Großen Rezession« von 2008 das Wirtschaftssystem gestützt hatten? Oder war sie nur »temporär«, wie eine nun beliebte Phrase lautete, nämlich Folge der wirtschaftlichen Verwerfungen im Zuge der Corona-Pandemie von 2020/21, die unter anderem die Nachfrage von Dienstleistungen auf materielle Güter verlagert und die globalen Lieferketten stra-

6 Jim Tankersley: How Washington Learned to Embrace the Budget Deficit, in: New York Times, 16.5.2020.

7 Jim Tankersley: Federal Borrowing Amid Pandemic Puts U.S. Debt on Path to Exceed World War II, in: New York Times, 2.9.2020.

8 Vince Golle/Olivia Rockeman/Reade Pickert: Why Economists Got it Wrong on U.S. Inflation, in: LA Times, 11.11.2021.

paziert hatte? Fed-Chef Jerome Powell beharrte ursprünglich auf dem temporären Charakter des Problems, schwenkte nach ein paar Monaten aber auf die Überzeugung um, man müsse es doch eher als ein strukturelles betrachten. So ungeklärt die Frage der Ursache blieb, führte der sprunghafte Anstieg der Inflation im Ergebnis dazu, dass abgenutzte Diagnosen und politische Rezepte hervorgekramt wurden. Dass es keinerlei allgemein akzeptierte, systematische Erklärung für die niedrige Inflation der Jahre zuvor wie auch für ihren plötzlichen Anstieg gab, hinderte Ökonomen und politisch Verantwortliche nicht daran, einer übermäßigen Nachfrage die Schuld zu geben, und die Lösung für dieses Problem soll in einer gedrosselten Geldmengenausweitung und höheren Leitzinsen bestehen.

Wenn Berufsökonomen offen bekennen, dass sie die Dynamik der gegenwärtigen Inflation nicht verstehen – und viele tun dies –, dann darf sich auch jemand zum Thema äußern, der nicht aus ihren Reihen stammt. Ein Außenstehender könnte sogar den Vorteil eines Denkvermögens genießen, das nicht durch berufsbedingte Dogmen beschränkt ist. Tatsächlich hat mich bei meinen Bemühungen, die derzeitige Wirtschaftsentwicklung zu begreifen, immer wieder in Erstaunen versetzt, wie sehr bestimmte Befunde über die Verfasstheit der modernen Gesellschaft, die aus Sicht eines Laien klar auf der Hand liegen, der vorherrschenden Volkswirtschaftslehre widersprechen. Welche Erklärungskraft der Gedanke einer »übermäßigen Nachfrage« in einer Gesellschaft wie etwa der amerikanischen haben sollte, in der ein Viertel der Bevölkerung offiziell unter der Armutsgrenze lebt, ist durchaus rätselhaft, und die verbreitete Behauptung, die Löhne, die nach jahrzehntelanger Stagnation und Talfahrt deutlich langsamer steigen als die Verbraucherpreise, könnten die Inflation treiben, offenkundig absurd. Von derselben Absurdität zeugen die gewundenen, widersprüchlichen Begründungen für die getroffenen Gegenmaßnahmen: Fed-Präsident Powell erklärte Anfang 2022, die Inflation sei »eine ernsthafte Gefahr für das Ziel maximaler Beschäftigung« und müsse daher eingedämmt werden – durch eine Anhebung der Leitzinsen, die zwangsläufig die Arbeitslosigkeit in die Höhe treibt.[9]

Was es so schwierig macht, das Dickicht der wirtschaftswissenschaftlichen Literatur über Inflation und Deflation zu durchdringen, ist nicht so sehr die Komplexität des Themas als vielmehr die höchst eigenartige Behandlung, die das Geld in der vorherrschenden ökonomischen Theorie erfährt. Sie ist nur eines von etlichen merkwürdigen Phänomenen, die die Wirtschaftswissenschaft als einen Versuch zur Analyse der modernen Gesellschaft auszeichnen. Ein anderes besteht in der Vielzahl von konkurrierenden theoretischen Schulen – im Fall der Geldtheorie vor allem von verschiedenen Spielarten des Keynesianismus und des Monetarismus –, die für entwickelte Wissenschaften ungewöhnlich ist. Und ein weiteres existiert in der Ausblendung theoretischer und empirischer Infragestellungen des vorherrschenden Denkens, die umso erstaunlicher ist, wenn man die schwache Bilanz der Disziplin hinsichtlich Erklärungskraft und Prognostik bedenkt. Um nur ein kleines Beispiel anzuführen: 2021 sorgte ein Papier des Fed-Ökonomen Jeremy B. Rudd kurzzeitig für Aufsehen, das den Titel trug: »Warum nehmen wir an, dass Inflationserwartungen die Inflation bestimmen? (Und sollten wir dies tun?)«. Durch eine Auswertung der vorliegenden empirischen und theoretischen Literatur zog Rudd die Annahme von Wirtschaftswissenschaftlern und politisch Verantwortlichen überzeugend in Zweifel, Erwartungen hinsichtlich der zukünftigen Inflation seien ein bestimmender Faktor für ihre reale Entwicklung. »Die vorherrschende Wirtschaftswissenschaft strotzt nur so von Annahmen, die ›allgemein unstrittig‹ sind, sich in Wirklichkeit aber als barer Unsinn erweisen«, bemerkte Rudd und nannte als ein Beispiel dafür die Rolle, die Inflationserwartungen zugeschrieben wird – eine für das offizielle Denken zentrale Annahme.[10] Die Rezeption seines Artikels bewies,

9 Jeanna Smialek: Powell Says Fed is Ready to Raise Rates if Needed, in: New York Times, 12.1.2022.

10 Jeremy B. Rudd: Why Do We Think that Inflation Expectations Matter for Inflation? (And Should We?), Finance and Education Discussion Series 2021-062, Board

wie sehr er recht hatte: Trotz zahlreicher Bekundungen, dass der Beitrag eine bedeutende Innovation sei, stützte sich die ökonomische Fachdiskussion wie gehabt auf genau jene Analyse von Inflationserwartungen, deren Stichhaltigkeit Rudd widerlegt hatte.

Das vorliegende Buch richtet sich deshalb nicht in erster Linie an Wirtschaftswissenschaftler, sondern an die wesentlich größere Zahl von Menschen, die im Netz des Geldes gefangen sind, tagtäglich die Mechanismen des bestehenden Wirtschaftssystems zu spüren bekommen und es daher vielleicht verstehen wollen. In einem Papier für das National Bureau of Economic Research ging der Ökonom (und spätere Nobelpreisträger) Robert Schiller 1996 der Frage nach, »was Menschen gegen Inflation haben«. Die »auffälligsten Unterschiede« unter den für seine Studie Befragten zeigten sich »zwischen Ökonomen und Nicht-Ökonomen«; letzteren bereitete »die Inflation offenbar vor allem deshalb Sorge, weil sie den allgemeinen Lebensstandard senkt«. Schiller mutmaßte, dass den meisten Menschen »die für Ökonomen selbstverständlichen Modelle über den Wettbewerbsdruck, der ihre Löhne und Gehälter bestimmt, nicht in den Sinn kommen; wie sich ihr Einkommen entwickelt, hängt aus ihrer Sicht vom (mangelnden) guten Willen des Arbeitgebers ab«.[11] Als Ökonom schien es Schiller ganz selbstverständlich, dass solche Modelle ein klareres Verständnis der Materie ermöglichen als die alltäglichen Erfahrungen von Laien – eine wie gezeigt zweifelhafte Annahme. Um die Inflation und die staatlichen Versuche ihrer Eindämmung zu begreifen, benötigen wir einen Zugang zur Wirtschaft, der sich mit den Theorien von Ökonomen auseinandersetzt, aber zugleich diesen verwirrenden Alltagserfahrungen Rechnung trägt.

of Governors of the Federal Reserve System, Washington 2021, unter https://doi.org/10.17016/feds.2021.062.

11 Robert J. Schiller: Why Do People Dislike Inflation?, NBER Working Paper 5539, Cambridge 1996.

1 — Geld, Güter und Preise

Was Dinge kosten, ist für jeden, der etwas verkaufen oder kaufen will, um irgendein Bedürfnis zu befriedigen, selbstredend von Interesse. Für größte Teile der Geschichte gilt allerdings, dass die meisten Menschen das, was sie verbrauchten, gar nicht auf diesem Wege erlangten; sie waren Jäger und Sammler oder Bauern, stellten ihre Werkzeuge und Kleider selbst her, kochten ihr eigenes Essen. Befanden sie sich auf den oberen Rängen einer sozialen Hierarchie, erledigten andere diese Aufgaben für sie: Durch traditionelles Recht oder Gewalt eigneten sie sich einen Teil des gesellschaftlichen Produkts an. Befanden sie sich in einer Gemeinschaft von Gleichen, dann teilten sie miteinander. In der frühen Neuzeit allerdings gewannen Preisschwankungen zumindest in Europa eine allgemeine gesellschaftliche Relevanz, da mehr und mehr Güter über Märkte von den Produzenten zu den Konsumenten gelangten. Stieg der Preis von Getreide, drohte vielen Menschen Hunger; fiel er, dann wuchs der Verbrauch und mit ihm die Bevölkerung.

In seinem großen Werk über die Ursprünge des Kapitalismus bemerkt Fernand Braudel, dass Veränderungen der Preisniveaus, die bereits in Daten aus dem 15., 16. und 17. Jahrhundert sichtbar werden, die Existenz von »Marktnetzen« in der damaligen Zeit belegen, zumal sie sich »fast gleichzeitig in ziemlich weiten Bereichen bemerkbar machen«. Wie er hervorhebt, sind »diese nahezu gleichzeitig auftretenden Preisschwankungen der überzeugendste Beweis für den Zusammenhalt einer vom Geldverkehr durchdrungenen, sich bereits im Zeichen kapitalistischer Organisation entwickelnden Weltwirtschaft« in jenen Jahrhunderten.[1] Als »Weltwirtschaft« bezeichnet Braudel »einen wirtschaftlich autonomen

1 Fernand Braudel: Sozialgeschichte des 15.–18. Jahrhunderts, Bd. 3: Aufbruch zur Weltwirtschaft, übers. v. Siglinde Summerer u. Gerda Kurz, München 1986, S. 76, 78.

Sektor unseres Planeten, der sich im Wesentlichen selbst versorgen kann und aufgrund seiner Verbindungen und seines internen Austauschs eine gewisse organische Einheitlichkeit aufweist«.[2] Frühneuzeitliche Weltwirtschaften erkennt er in Afrika, der islamischen Welt und Asien sowie in Europa, das seinen machtvollen »Schatten« über den Rest der Welt geworfen hatte.[3] Im ersten Viertel des 20. Jahrhunderts lebten die Europäer und die übrige Menschheit dann schon lange unter demselben Schatten; der Planet als Ganzes befand sich bereits mitten in der Entwicklung zu einer einzigen Weltökonomie, in der die Preisbewegungen beispielsweise in den USA oder China jeweils ernsthafte Folgen für beide Regionen sowie nahezu die gesamte Welt hatten.

Gewebt wird das »Netzwerk der Märkte« durch die Bewegung des Geldes vom einen zum anderen Ort. Bewegen sich Güter, reist das Geld in die entgegengesetzte Richtung. Aber es bewegt sich auch selbstständig auf der Suche nach Investitionsmöglichkeiten. Sein Wert – was man mit ihm erwerben kann – ist nicht nur für alle wichtig, die Güter kaufen und verkaufen, sondern auch für Investoren, die Geld verdienen wollen, das zumindest seinen ursprünglichen Wert behält. Er war daher für die Erfinder der ökonomischen Wissenschaft von Interesse, die das neue Gesellschaftssystem des Kapitalismus zu begreifen versuchten, als es gerade entstand. Die Ökonomen des 17. Jahrhunderts, die sogenannten Merkantilisten, setzten Reichtum mit Geld gleich und versuchten, theoretisch die Wichtigkeit staatlicher Maßnahmen zur Maximierung des Nationaleinkommens zu begründen. Im späten 18. Jahrhundert hatte sich dann die Unterscheidung zwischen dem »Wert« von Gütern, nunmehr als der wirkliche »Reichtum der Nationen« verstanden, und seinem Ausdruck in einem Geldpreis durchgesetzt. Nach Adam Smiths Darstellung von 1776 ist der Wert eines Gutes durch den zu seiner Produktion erforderlichen Aufwand bestimmt, tauschen sich Güter in Proportionen gegeneinander aus, die annäherungsweise den in

2 Ebd., S. 18.

3 Ebd., S. 429.

sie eingeflossenen Arbeitsmengen entsprechen, und wird der Preis durch die Menge der Geldware gemessen – im damaligen Europa gewöhnlich ein Edelmetall –, deren Wert gleich dem des Gutes ist, gegen das sie eingetauscht wird. Daraus folgte, dass Preise zwar Werte ausdrücken, sich aber auch bei gleichbleibenden Werten verändern können (wie Bilder unterschiedlicher Größe, die dasselbe Objekt darstellen). Steigt oder sinkt die Produktivität der zum Schürfen und Reinigen von Gold nötigen Arbeit, dann verändern sich auch die relativen Werte bestimmter Mengen von gehandelten Waren und der metallischen Währungseinheiten. Veränderungen sowohl der Warenwerte als auch des Werts des Geldes rufen Veränderungen der Preise hervor.

Die heutige Wirtschaftswissenschaft hat die Arbeitswerttheorie, die Smith mit anderen zeitgenössischen Autoren teilte, längst über Bord geworfen. Aber die Marktwirtschaft verstehen Ökonomen bis heute so wie Smith: als ein komplexes Tauschsystem, in dem sich Eigentümer mit ihren jeweiligen Gütern gegenübertreten. Das nennen sie die »Realwirtschaft«, weil sie noch immer eine Grundannahme von Smith akzeptieren: »Konsum ist der einzige Sinn und Zweck aller Produktion«.[4] Seit dem 18. Jahrhundert geht die Wirtschaftstheorie davon aus, in einer Gesellschaft freier Individuen (die also nicht als Sklaven, Leibeigene oder dergleichen persönlicher Autorität unterworfen sind) motiviere das Eigeninteresse sie zur wechselseitigen Befriedigung ihrer Bedürfnisse durch den Austausch ihrer jeweiligen Erzeugnisse. Unternehmerisch veranlagte Menschen organisieren den Produktionsprozess so effizient wie möglich und erhalten dafür im Gegenzug einen Teil des Gewinns aus dem Marktaustausch; da sie miteinander um Käufer konkurrieren, steigern sie in ihrem Profitstreben die Produktivität und den gesellschaftlichen Reichtum. Geld spielt in diesem Bild der Ökonomie die Rolle eines technischen Hilfsmittels, das ein komplexes Geflecht von Tauschakten vereinfacht.

4 Adam Smith: Untersuchung über Wesen und Ursachen des Reichtums der Völker [1776], übers. v. Monika Streissler, Tübingen 2005, S. 645.

Aus dieser theoretischen Perspektive betrachtet, lässt sich Wert in der »Realökonomie« als Verhältnis zweier austauschbarer Güter ausdrücken, die jeweils den Wert des anderen messen. Je nach der zugrunde gelegten Werttheorie – darin unterscheiden sich Ökonomen – erklärt sich dieses Verhältnis durch die »Nützlichkeit«, die beide Güter für die Tauschpartner jeweils besitzen, also die von ihnen ausgehende psychische Befriedigung, oder durch die Präferenzen der Tauschpartner mit Blick auf sie. Der relative Wert der Güter wird bestimmt, wenn sich bei beiden Angebot und Nachfrage decken. Preise sind nur die Geldnamen »realer« Werte, die Mengen irgendeiner monetären Standardeinheit, gegen die Güter austauschbar sind. Die Geschmäcker ändern sich, ebenso die Produktionsmethoden, und zufällige Geschehnisse wie Kriege oder Wetterereignisse beeinträchtigen die Ökonomie, doch mit der Zeit passen sich Preise und Mengen den veränderten Umständen an, sodass sich Angebot und Nachfrage – in der Theorie zumindest – wieder in Einklang befinden.

Laut der »neoklassischen« Schule, die den volkswirtschaftlichen Mainstream seit dem späten 19. Jahrhundert dominiert, unterliegt der Wert des Geldes – bemessen an der Menge Güter, die man mit ihm kaufen kann – dessen eigenen Bedingungen von Angebot und Nachfrage. Demnach fällt sein Wert, wenn relativ zu anderen Gütern viel Geld vorhanden ist, und umgekehrt. Diese Veränderungen im Wert des Geldes erscheinen als solche der Preise, die die Marktwirtschaft regulieren. Sie können im Durchschnitt steigen (Inflation) oder fallen (Deflation). Weil solche Preisänderungen wirtschaftliche Entscheidungsprozesse beeinflussen können, können die für Angebot und Nachfrage nach Geld bestimmenden Faktoren sich auf die »Realwirtschaft« auswirken und kurzfristig ihre Selbstregulierung stören, auch wenn sich nach einer gewissen Zeit wieder ein Gleichgewicht einstellt. John Maynard Keynes arbeitete zwar innerhalb des neoklassischen Rahmens, argumentierte jedoch, strikt monetäre Gesichtspunkte – insbesondere der Zinssatz bei Investitionskrediten und die durch Ungewissheit über die Zukunft bedingte Neigung zum Geldhorten – könnten die Voraussetzungen für das preisbestimmende Gleichgewicht derart stark prägen, dass die »kurzfristige« Störung unangenehm lange anhält. (Und wie er einmal bemerkte: »Langfristig sind wir alle tot.«) Nach Überzeugung von Keynes und seinen Anhängern müssen und können Regierungen daher so in die Wirtschaftsmaschinerie eingreifen, dass das Wohlergehen der Gesellschaft maximal gesteigert wird, ohne dass sie sich über inflationäre Effekte allzu große Sorgen machen müssten.

Jenseits aller Theorien ist am Geld selbst ein Phänomen zu beobachten, das dem Verhältnis zwischen dem Wert und Preis von Gütern ähnelt. Wie man schon vor langer Zeit bemerkte, wurden Münzen durch die Minderung ihres Metallgehalts entwertet, dienten aber trotzdem weiter als Zahlungsmittel für Güter. Herrscher streckten Silbermünzen mit billigeren Metallen; sie wie auch Kaufleute »beschnitten« die durch ihre Hände laufenden Münzen und akkumulierten das so gewonnene Metall aufgrund seines Werts. Bereits durch ihre gewöhnliche Verwendung nutzten sich Münzen ab und verloren so an Metallwert, während ihr Nennwert derselbe blieb. Der Unterschied zwischen Geld als einer Darstellung von Wert und seinem realen Wert als einem Stück Metall trat in einem Phänomen zutage, das als Greshamsches Gesetz bekannt wurde: »Das schlechte Geld verdrängt das gute.« Vollwertige Münzen verschwinden aus der Zirkulation und werden als materieller Reichtum gehortet, während ihre Rolle im Handel von eher symbolischem Geld übernommen wird. Thomas Gresham teilte Queen Elizabeth in seiner Funktion als Finanzberater mit, aufgrund der »Großen Entwertung« der Währung durch Henry VIII., der 40 Prozent des Silbergehalts der Münzen durch unedle Metalle ersetzt hatte, um so ohne Steuererhöhungen die (nominellen) Bestände seines Schatzamtes zu vergrößern, sei »all Ihr Feingold aus diesem Ihrem Reiche verschickt worden«, womit die Aufgabe des Geldes nur noch von entwerteten Silbermünzen erfüllt werde. Dieser verringerte Metallwert der Währung führte zu einer enormen Inflation in England, da mehr Münzen eines gegebenen Nennwerts nötig waren, um einen bestimmten Wert zu erreichen, und drückte den Wechselkurs der englischen Währung auf dem Antwerpener Tuchmarkt, der für England als wichtigem Exporteur von Wollstoffen große Bedeutung besaß.

Elizabeth folgte Greshams Rat. Das Schatzamt legte den Wert des Pfunds auf vier Unzen Silber fest; alle in Umlauf befindlichen Münzen wurden eingezogen und neu geprägt. Ungeachtet zeitweiliger Schwankungen behielt »das 1560/61 durch Königin Elisabeth I. stabilisierte Pfund bis 1920 bzw. bis 1931 den gleichen Wert«.[5] Interessant ist dabei, dass die Neuprägung zwar Ende des 16. Jahrhunderts die Einnahmen britischer Exporteure steigerte, aber kaum Auswirkungen auf das inländische Preisniveau hatte. Bereits damals war das Verhältnis zwischen dem Wert des Geldes und dem Niveau der Preise nicht so eindeutig, wie man meinen könnte. Und wie Braudel bemerkt, verdankte sich die anhaltende Stabilität des Pfundes mindestens ebenso sehr Großbritanniens wirtschaftlichem Erfolg wie irgendwelchen monetären Eingriffen. Umgekehrt stärkte die Währung mit ihrem festgelegten Wert die Wirtschaft, indem sie Vertrauen in Verträge schuf und dadurch die Kreditvergabe förderte: Wer ein Darlehen vergab (und sei es an den Monarchen), der wusste, dass er es zum vollen Wert zurückbekommen würde.

Im späten 17. Jahrhundert litten die englischen Silbermünzen erneut unter Beschneidung und Abnutzung, manche verloren bis zu 50 Prozent ihres Edelmetallgehalts. Da das Greshamsche Gesetz abermals die vollwertigen Münzen aus der Zirkulation trieb, wurde Silber durch Gold als vorrangige Edelmetallbasis des britischen Geldsystems ersetzt und dieses durch eine von Isaac Newton geleitete Neuprägung wieder stabilisiert. Selbst eine große Wirtschaftskrise am Ende des Jahrhunderts, ausgelöst durch Missernten und die Ausgaben für den Krieg gegen Frankreich, wurde erfolgreich überwunden und die Landeswährung im Wert fixiert. Wie wir sehen werden, wurde Metallgeld zu dieser Zeit gerade durch Papier ersetzt, was das Problem des Werts von Geld in anderer Weise aufwarf.

5 Ebd., S. 394.

Wie Marx in seiner Erörterung des Geldes im ersten Band des »Kapital« erklärte: »Wenn der Geldumlauf selbst den Realgehalt vom Nominalgehalt der Münze scheidet, ihr Metalldasein von ihrem funktionellen Dasein, so enthält er die Möglichkeit latent, das Metallgeld in seiner Münzfunktion durch Marken aus andrem Material oder Symbole zu ersetzen.«[6] Papiergeld bewirkt zweifellos eine Einsparung von Material und eine gewisse Vereinfachung. Was aber bestimmt den Wert eines rein symbolischen Geldes – und wie wirkt sich ein solches Geld auf das Niveau der Preise aus, die in ihm ausgedrückt werden? Die im Lauf der Zeit gemachten Erfahrungen zeigen, dass Papiergeld seinen Wert behalten, aber auch verheerende Inflationen verursachen kann.

Papiergeld

Vom Staat ausgegebenes Papiergeld – heute gemeinhin »Fiatgeld« genannt – wurde in China seit dem 7. Jahrhundert verwendet, um Metallmünzen zu ersetzen. Als Marco Polo das Land im 13. Jahrhundert, zur Zeit der Yuan-Dynastie, bereiste, notierte er: »Wo immer man durch das Reich des Großkhans wandelt, findet man Papiergeld vor, mit dem man alle Käufe und Verkäufe von Gütern so gut abwickeln kann, als handelte es sich um Münzen aus reinem Gold.« Ganz stimmte das allerdings nicht: Vermutlich um eine Inflation zu vermeiden, wie sie während der vorhergehenden Sung-Dynastie mit dem Papiergeld einhergegangen war, unterlag seine Verwendung geografischen und zeitlichen Einschränkungen.[7]

In Europa entstand im späten Mittelalter und der Renaissance aus dem Bankwesen heraus eine andere Art von Papiergeld. Als die komplexe Entwicklung des Spätfeudalismus allmählich eine Marktwirtschaft hervorbrachte, in der grundbesitzende Fürsten neue Methoden erforschten, Leibeigenen und freien Bauern Mehrprodukt abzupressen, expandierte Europas

6 Karl Marx: Das Kapital. Erster Band, in: Karl Marx/Friedrich Engels: Werke [MEW], Berlin 1956 ff., Bd. 23, S. 140.

7 Einen kurzen Überblick zum klassischen chinesischen Papiergeld und Inflation bietet Peter Bernholz: Monetary Regimes and Inflation. History, Economic and Political Relationships, 2. Aufl., Cheltenham 2015, S. 60–69.

Binnen- und Außenhandel. Durch Wechselbriefe – also Schuldscheine –, ausgestellt von einem Bankier und einzulösen von einem anderen Bankier in einer anderen Stadt, wanderte Geld von Kaufmann zu Kaufmann und von Ort zu Ort. Auf diese Weise musste ein reisender Kaufmann keine größeren Mengen Edelmetall mit sich führen und konnten Geschäfte über verschiedene Regionen mit jeweils eigener Währung hinweg abgewickelt werden. Die Währungen wurden alle in einem imaginären »Rechengeld« ausgedrückt (auch dies eine Trennung von Substanz und Funktion des Geldes) und konnten so gegeneinander ausgetauscht werden; die Bankiers an den beiden Enden der Transaktion erhoben eine Gebühr für ihre Dienste. Als solche Wechsel gebräuchlicher wurden, konnten Kaufleute mit ihnen ihre Rechnungen untereinander begleichen; schließlich begannen sie selbst als eine Form von Währung zu zirkulieren. Prinzipiell ließen sie sich immer in Metallgeld umtauschen, doch es war weniger aufwendig, wenn man diesen Schritt ausließ.

Banken bewahren das Geld ihrer Kunden auf und leihen es anderen Personen; den einen zahlen sie Zinsen, von den anderen verlangen sie welche. Da das der Bank geliehene Geld zurückgezahlt werden soll, kann es durch einen Zahlungsanspruch an sie dargestellt werden – eine Banknote. Und da nicht alle Kunden ihr Geld zum selben Zeitpunkt abheben und das von der Bank verliehene Geld ebenfalls zu verschiedenen Zeitpunkten zu ihr zurückfließt, kann sie dasselbe Geld mehrfach verleihen; sie muss lediglich darauf achten, über genügend Reserven zu verfügen, um die zu erwartenden Forderungen zu begleichen. Das Geld kann als Banknote – ebenfalls ein Schuldschein – oder als Guthaben auf einem Konto der Bank verliehen werden; das ursprünglich bei der Bank einbezahlte Geld kann so auf zwei oder noch mehr verschiedenen Konten erscheinen, mit denen jeweils Zahlungen per Banknote getätigt werden können. Wie durch Wechselbriefe vergrößern Banken auch auf diese Weise die Geldmenge.

Mit der Gründung von Nationalbanken – den Vorfahren der heutigen Zentralbanken –, die ursprünglich dem Zweck dienten, dem Staat Geld zu leihen, nahm dieses System eine neue Dimension an. Dass Regierungen insbesondere zur Deckung von Kriegsausgaben Kredite bei wohlhabenden Kaufleuten und Bankiers aufnehmen, war in den Aristokratien und Republiken der frühen Neuzeit – allem voran in Florenz, Venedig und Genua – ein verbreitetes Phänomen. Als aus dem dezentralen System von Stadtstaaten und aristokratisch regierten Gebieten Nationalstaaten hervorgingen, entwickelte sich eine Spannung zwischen dem wachsenden Finanzbedarf der Regierungen und der Forderung der aufsteigenden geldbesitzenden Klasse nach schlussendlicher Rückzahlung sowie nach einem Geld, das von der Vergabe bis zur Tilgung eines Kredits seinen Wert behält.

Der schließlich in den englischen Bürgerkriegen mündende Konflikt zwischen Karl I. und dem Parlament betraf vor allem die Finanzierung der königlichen Angelegenheiten. Als die »Glorious Revolution« von 1688 den niederländischen König William III. auf den Thron von England beförderte, waren die Finanzen ein entsprechend wichtiger Aspekt seiner Übereinkunft mit dem Parlament. Wie der Soziologe Geoffrey Ingham zusammenfasst:

> »William wurden vorsätzlich nur Einnahmen zugestanden, die für die normalen Ausgaben nicht genügten, und so musste er akzeptieren, dass er für zusätzliche Mittel vom Parlament abhängig war. Zweitens [...] nahm die Regierung langfristige Kredite auf und zahlte die Zinsen aus bestimmten Steuereinnahmen.«[8]

Die Übereinkunft begründete das im Lauf der Zeit von allen modernen Staaten übernommene Prinzip der Unterordnung des Staates unter die Interessen der Privateigentümer. Auch wenn der Staat seine eigenen Interessen hat, was zahlreiche Konflikte zwischen den beiden Seiten hervorruft, muss er schlussendlich der »Geldmacht« dienen – so die Bezeichnung, die sich damals einbürgerte –, denn in ihr besteht die Quelle seiner finanziellen Ressourcen.

8 Geoffrey Ingham: The Nature of Money, London 2004, S. 127.

Als England sich 1690 im Krieg mit Frankreich befand, benötigte William riesige Summen für den Aufbau einer Marine und andere militärische Vorhaben. Für eine Anleihe konnte eine Gruppe von Zeichnern gewonnen werden, die zusammen 1,2 Millionen Pfund aufbrachten und dem königlichen Schatzamt zu 8 Prozent Zinsen liehen; hinzu kam eine jährliche Gebühr von 4000 Pfund. Das unter dem Namen Governor and Company of the Bank of England registrierte Unternehmen durfte Einlagen annehmen, mit Wechselbriefen handeln und Banknoten ausgeben, die es sodann verleihen konnte, wobei der Staatskredit als Sicherheit diente. Die Bank erhielt Zinsen für ihren Kredit an die Regierung (der aus Steuermitteln und neuen Krediten abbezahlt wurde) und durch den Geldverleih an Privatpersonen.

Auf diese Weise wurde Papiergeld austauschbar mit den vom königlichen Schatzamt ausgegebenen Metallmünzen. Im Prinzip repräsentierten Banknoten bei einer Bank aufbewahrtes Gold, gegen das sie jederzeit eingetauscht werden konnten, doch bei normalem Gang der Geschäfte war ein solcher Umtausch nicht nötig. Deutlich wurde dies paradoxerweise gerade durch die Unterbrechung der Normalität, als die Bank of England im Zuge eines weiteren schweren Kampfes mit Frankreich, den Kriegen gegen die Revolution und später gegen Napoleons Imperium, die Goldkonvertibilität von 1787 bis 1821 aufhob. Der Zusammenbruch des Werts der Assignaten, des von der Revolutionsregierung ausgegebenen Papiergelds, führte dazu, dass französische Besitzer von Pfund-Banknoten diese eintauschten und so Gold aus England abfloss. Als militärische Erfolge Frankreichs im Jahr 1797 einen Ansturm auf englische Banken auslösten, wurden die Reserven vieler lokaler Kreditinstitute aufgezehrt, die sich daher Gold von der Bank of England leihen mussten. Die Aufhebung der Konvertibilität ermöglichte es England, für den Handel mit anderen Ländern weiterhin Gold, in der Binnenwirtschaft dagegen Papiergeld zu verwenden.

Als Napoleon 1815 schließlich besiegt war, lag das Preisniveau in Großbritannien 22 Prozent über dem Stand von 1797. War der Grund dafür die Verwendung eines inkonvertiblen

Papiergeldes, das in Mengen gedruckt werden konnte, die sich nicht nach den Goldbeständen der Bank of England richteten, sondern von ihr und dem Schatzamt festgelegt wurden? Diese Frage löste eine Debatte über die Ursachen von Inflation aus. David Ricardo, nach Smith der wichtigste britische Ökonom, vertrat die Position, die freie Ausgabe von Banknoten zu dem Zweck, Staatsschulden zu finanzieren und so die Kosten des Krieges zu decken, habe die Geldmenge im Verhältnis zur realen Güterproduktion vergrößert und so die Preise in die Höhe getrieben. Ein vom Parlament gebildeter Ausschuss befasste sich mit der Frage und kam zu dem Ergebnis, die »bullionistische« Position in der Debatte – nach der die Geldmenge im Einklang mit den vorhandenen Goldbeständen (*gold bullion*) im System gehalten werden musste, damit kein überschüssiges Geld die Preise verzerrt – sei korrekt.

Nach der Rückkehr zur Goldkonvertibilität im Jahr 1821 wurde der Streit wieder aufgenommen. Die sogenannte Currency School von Ökonomen und Parlamentariern beharrte darauf, bei der bestehenden Mischform aus Papier- und Metallgeld erfordere ein funktionierender Goldstandard, dass die Ausgabe von Banknoten Eins-zu-Eins mit den vorhandenen Goldreserven zu- und abnehme – eine strengere Regel als schlichte Konvertibilität. Ein führender Vertreter der konkurrierenden Banking School, der erfolgreiche Finanzier und Ökonom Thomas Tooke, war ursprünglich Bullionist gewesen, hatte seine Position jedoch nach jahrelanger statistischer Forschung und Analyse, die in seiner sechsbändigen »History of Prices« (1838–1857) kulminierte, schließlich geändert. Tooke argumentierte, der Anstieg und Verfall von Preisen sei ein Aspekt von Entwicklungen in der Wirtschaft insgesamt; die Inflation der frühen 1800er-Jahre resultierte ihm zufolge unter anderem aus Missernten, der Zerrüttung der Wirtschaft durch den Krieg und der Handelsblockade, die Frankreich gegen England verhängt hatte. Wie in der vorherigen Debatte setzte sich jedoch das bullionistische Lager durch, und das Bankgesetz von 1844 unterwarf die Ausgabe von Papiergeld der von der Currency School geforderten Begrenzung.

Zweihundert Jahre später verläuft die Diskussion über die Ursachen der Inflation, die Anfang 2021 plötzlich einsetzte, im Grunde entlang derselben Linien wie diese Debatten aus dem 19. Jahrhundert: Geht der allgemeine Preisauftrieb auf eine überhöhte Nachfrage zurück, hervorgerufen durch eine zu große Geldmenge, oder auf konjunkturelle Sonderfaktoren im Welthandel?

Inflation

Die Annahme, Inflation entstehe durch eine übermäßige Ausgabe von Banknoten, festigte sich im 18. Jahrhundert durch mehrere kurzlebige Experimente mit einer reinen Papierwährung. Ab 1789 gab die französische Revolutionsregierung die bereits erwähnten Assignaten mit dem Versprechen aus, binnen fünf Jahren würden sie in Metallgeld umtauschbar sein, das der Verkauf beschlagnahmter Kirchengüter und königlicher Ländereien einbringen sollte.[9] Anfangs wurden tatsächlich Liegenschaften veräußert und Assignaten eingetauscht, doch als die Kriege gegen die europäischen Feinde der Revolution andauerten, wurde zur Finanzierung von Truppen und Kriegsgerät immer mehr Papiergeld gedruckt. Die zirkulierenden Noten – bis 1796 hatten sie einen Umfang von 45 Milliarden Livres erreicht, während der Wert der Ländereien, durch die sie gedeckt sein sollten, auf drei Milliarden taxiert wurde – verloren ihren Wert und die Preise schossen in die Höhe. Schließlich wurde der Umtausch der nahezu wertlos geworde-

9 Dabei folgte sie dem Vorbild des schottischen Glücksspielers und Zinkers John Law, der 1716 Regent Philippe d'Orléans – selbst ein bekannter Glücksspieler – davon überzeugte, dass er den chronischen Geldbedarf der französischen Krone befriedigen könne. Ein königliches Edikt erlaubte Law die Gründung einer Bank mit einem Kapital von sechs Millionen Livres. Sie vergab Kredite – überwiegend an die Regierung – in Form von Noten, die in Metallwährung umtauschbar waren. Diese Kreditexpansion führte zu einem wirtschaftlichen Boom. Als der Regent vorschlug, noch mehr Kredite zu vergeben, trieb Law Geld auf, indem er Anteile an diversen Unternehmen verkaufte – unter anderem an einer Gesellschaft, die angeblich in Louisiana existierende Goldvorkommen auszubeuten versprach. Die Preise der Aktien stiegen; die Mittel flossen über die königliche Regierung an Personen, die weitere Anteile an Laws Mississippi Company erwarben. Da die Goldvorkommen nicht existierten, funktionierte dieses Modell nur solange, wie frisches Geld hereinströmte. Als Aktionäre 1720 im großen Maßstab begannen, ihre Noten in Gold umzutauschen, führte dies zu einem Ansturm auf die Bank und ihrem vollständigen Zusammenbruch.

nen Währung gegen Land eingestellt und Kreditgeber erhielten gesetzlichen Schutz vor einer Rückzahlung in Assignaten. 1797 kehrte die Regierung zu einer auf Gold und Silber basierenden Währung zurück. Wie der Wirtschaftshistoriker Robert Skidelsky bemerkt hat, lässt sich diese Episode zwar als eine Lektion über die inflationären Folgen übermäßiger Papiergeldausgabe deuten, war aus einem anderen Blickwinkel betrachtet aber ein großer Erfolg: »Die Regierung bekam das gewünschte Geld, Spekulanten kauften die beschlagnahmten Ländereien zu Schleuderpreisen auf und das Realeinkommen aller anderen erlitt einen katastrophalen Verfall.«[10] Anders gesagt: Die Inflation diente dazu, Reichtum von der breiten Bevölkerung an die Regierung und Bodenspekulanten umzuverteilen.

Bereits zuvor hatte Papiergeld in der amerikanischen Revolution eine zentrale Rolle gespielt und ähnliche inflationäre Effekte gehabt. Um die Ausgaben für den Revolutionskrieg zu decken, gab der Kontinentalkongress Noten aus – eine reine Fiatwährung, deren Charakter als Geld (ihre universelle Austauschbarkeit) auf einem Regierungserlass beruhte. Er drängte die einzelnen Staaten, Steuern zu erheben, um diese »Kreditbriefe« später zu tilgen, doch die zuständigen Gesetzgeber kamen dem nicht nach. Bis Ende 1779 hatte der Kongress die Ausgabe der »Continentals« um das Vierzigfache gesteigert, und die einzelnen Staaten schlossen sich dem an, indem sie jeweils eigene Währungen druckten. Insbesondere aufgrund der begrenzten Güterproduktion in der postkolonialen Ökonomie und der begrenzten Importe stiegen die Preise so ungebremst, wie das Geld gedruckt wurde, und Kredite wurden mit zunehmend wertlosen Noten zurückgezahlt. 1781 war eine Dollarnote weniger als eine Goldmünze von zwei Cent wert. In den Worten von John Kenneth Galbraith »begannen die Vereinigten Staaten ihre Existenz auf einer Woge nicht nur der Inflation, sondern der Hyperinflation«.[11]

10 Robert Skidelsky: Money and Government. The Past and Future of Economics, New Haven 2018, S. 394f.

11 John Kenneth Galbraith: Geld. Woher es kommt, wohin es geht, übers. v. Karl Otto von Czernicki, München/Zürich 1976, S. 66.

Der Bürgerkrieg von 1861 bis 1865, auch »zweite amerikanische Revolution« genannt, brachte eine andere Form von Fiatgeld mit sich. Die Unionsregierung musste die Kriegsausgaben aus einem Steueraufkommen decken, das sich durch die Sezession der Südstaaten verringert hatte. Im Ausland Kredite aufnehmen wollte Präsident Lincoln nicht, und es wäre auch schwierig gewesen, da sowohl Großbritannien wie Frankreich auf der Seite des Südens standen. Daher erlaubte der Kongress es neuen, vom Bund registrierten Banken, mit den United States Notes ein inkonvertibles Papiergeld zu emittieren (aufgrund der grün bedruckten Rückseite *Greenback* genannt), das durch die von den Banken gehaltenen Staatsanleihen gedeckt war und zum Kauf solcher Anleihen wie auch für die meisten anderen Zwecke verwendet werden konnte; seine Kaufkraft wuchs und fiel mit den militärischen Erfolgen und Fehlschlägen. Von 1861 bis 1864 stiegen der Goldpreis ausgedrückt in Greenbacks um 200 Prozent und die Lebenshaltungskosten um rund 170 Prozent; danach stabilisierte sich der Wert des Geldes, als klar wurde, dass der Norden den Krieg gewinnen würde. Das Ende des Krieges führte zu einer großen, mit Streitschriften und Büchern ausgetragenen Debatte über die Frage, ob das Land weiterhin Papiergeld verwenden oder zum Gold zurückkehren sollte. Amerikanische Bullionisten verglichen die Greenbacks mit den Continentals und Assignaten und betonten die Gefahr einer Inflation, die man durch den natürlichen Wert von Gold beherrschen könne. Die »Greenbacker« argumentierten dagegen, »ein dauerhaftes, einheitliches, vom Staat betriebenes nationales Bankwesen, das auf einer inkonvertiblen Währung beruht und mit niedrigen Zinssätzen arbeitet«, widerspreche zwar dem Interesse der Bankiers und anderer Kreditgeber im Nordosten, komme aber den amerikanischen Landwirten und arbeitenden Menschen zugute.[12] Schlussendlich setzten sich die Finanziers durch und die Goldkonvertibilität wurde 1878 wieder eingeführt.

12 Bruce G. Carruthers/Sarah Babb: The Color of Money and the Nature of Value. Greenbacks and Gold in Postbellum America, in: American Journal of Sociology, 6/1996, S. 1556–1591, hier S. 1575.

Kriegsfinanzen standen auch am Ursprung der bekanntesten Hyperinflation der Geschichte: dem spektakulären Absturz in die Wertlosigkeit, den die deutsche Reichsmark in den frühen 1920er-Jahren erlebte. Das Reich hatte die Ausgaben für den Ersten Weltkrieg nicht durch eine Vermögenssteuer für die oberen Klassen finanzieren wollen und stattdessen die Goldkonvertibilität aufgehoben, um seine Reserven zu schützen, und sich zur Begleichung seiner Rechnungen Geld geliehen. Am Ende des Krieges, als sich die Wirtschaft in schlechter Verfassung befand und nicht die zur Kredittilgung nötigen Mittel generieren konnte, folgte die Regierung dem mittlerweile bewährten Weg, Geld zu drucken, um ihre Ausgaben zu decken. Diese stiegen enorm, als die Siegermächte Deutschland massive Reparationen auferlegten (ironischerweise hatte die deutsche Regierung in der Annahme, sie werde den Krieg gewinnen, beabsichtigt, ihre Schulden mit Reparationszahlungen der Alliierten zu tilgen). Reparationen mussten ebenso wie internationale Kredite in Gold oder ausländischen Währungen gezahlt werden; die Mark, durch das Missverhältnis zwischen Schuldenberg und Wirtschaftsleistung ohnehin schon geschwächt, verlor dadurch auf den Devisenmärkten wie auch im Inland rapide an Wert. Der Wechselkurs zum Dollar, der bei Kriegsende 4,2 zu 1 betrug, fiel bis November 1923 auf 4,2 Billionen zu 1. Nachdem die Reichsbank die Rentenmark als neue Währung eingeführt hatte, stabilisierte sich die Lage 1924. Wie im Falle der Assignaten beseitigte die Inflation die kriegsbedingten Staatsschulden, förderte die Spekulation – nunmehr an den Aktien- und Rohstoffmärkten und nicht mit Grund und Boden – und bewirkte eine Umverteilung von den Lohnabhängigen und Menschen mit fixem Einkommen oder kleinen Ersparnissen zu den Industriellen und Bankiers, die mit einer im Verfall begriffenen Währung Vermögenswerte aufkaufen konnten. Der italienische Ökonom Constantino Bresciani-Turroni, der das Geschehen während der Inflationszeit in verschiedenen offiziellen Funktionen von Berlin aus beobachtete, schrieb:

»Die sozialen Auswirkungen der Inflation in Deutschland unterschieden sich nicht wesentlich von denen früherer Entwertungen des zirkulierenden Geldes und auch nicht von denen, die während und nach dem Weltkrieg in allen Ländern mit abgewerteter Währung mehr oder weniger deutlich zu beobachten waren. [...] Allgemein lässt sich sagen, dass die Inflation die Unternehmer und die Eigentümer der Produktionsmittel begünstigte und insbesondere die Position der Industriekapitalisten stärkte, die Reallöhne der Arbeiter senkte, die alte Mittelschicht von Investoren dezimierte oder ganz auslöschte und eine neue Mittelklasse von Händlern, Zwischenhändlern, kleinen Börsenspekulanten und kleinen Profiteuren der Geldentwertung schuf.«[13]

Der Begriff »Inflation« fand etwa auf halber Strecke zwischen der Einführung der Assignaten und dem Jahr 1923, als der Preis für einen Laib Brot in Deutschland auf 200 Milliarden Mark kletterte, Eingang in das Vokabular der Ökonomen; im »Oxford English Dictionary« taucht er erstmals 1864 auf. Ein amerikanischer Autor bemerkte 1855 »das erstaunliche Verhältnis zwischen dem zirkulierenden Papier, das Geld repräsentiert, und den tatsächlichen Goldbeständen der Banken« und klagte, dass diese »Inflation der Währung die Preise steigen lässt«.[14] »Inflation« bezieht sich hier auf eine Zunahme des umlaufenden Papiergeldes; später nahm der Begriff seine heutige Bedeutung einer Preissteigerung an. Schließlich erhielt auch die »Deflation« als Bezeichnung für allgemein sinkende Preise Einzug in den wirtschaftswissenschaftlichen Sprachgebrauch.

Solche Rückgänge traten zumeist nach einem signifikanten Anstieg des Preisniveaus auf. Auf das Ende der napoleonischen Kriege zum Beispiel folgte in England von 1813 bis in die 1820er-Jahre ein scharfer Einbruch der Konsumgüter-

13 Constantino Bresciani-Turroni: The Economics of Inflation. A Study of Currency Depreciation in Post-War Germany, 1914–1923, übers. v. Millicent E. W. Savers, New York 1937, S. 286.

14 Thomas Bartlett Hall: Gold and the Currency. Specie Better than Small Bills, Boston 1855, zit. n. Michael F. Bryan: On the Origin and Evolution of the Word Inflation, Federal Reserve Bank of Cleveland, 15.10.1997.

preise, bevor sie die nächsten fünfzig Jahre in einer recht engen Spanne schwankten.[15] Dieser Zusammenbruch der Preise begleitete eine mit dem Frieden einsetzende zwanzig Jahre währende Depression, und es ist nicht ungewöhnlich, dass diese beiden wirtschaftlichen Phänomene miteinander in Verbindung gebracht werden. Es scheint logisch, dass ein Konjunktureinbruch einen Preisverfall mit sich bringt, denn das plötzlich zu große Angebot muss sich einer durch Lohnkürzungen und Entlassungen verringerten Nachfrage anpassen, während die nachlassenden Investitionen den Markt für Rohstoffe und Maschinerie verkleinern. Das ist nur die Kehrseite der Tatsache, dass ein Aufschwung der Wirtschaft die Preise durch steigende Nachfrage nach Gütern und Dienstleistungen meistens in die Höhe treibt. Daraus folgt natürlich nicht, dass sie nicht auch ohne eine Depression fallen oder ohne einen Aufschwung steigen könnten.

Der lange weltweite Abschwung von 1873 bis 1896 jedoch – der erste, der als Große Depression bezeichnet wurde – ging tatsächlich mit einem starken Abwärtstrend bei den Preisen einher.[16] Ausgehend von dem Gedanken, Inflation entstehe durch einen Überschuss an Geldmetallen, erklärten einige Ökonomen dies durch die Erschöpfung der Goldminen und die Demonetisierung des Silbers, denn die Industrienationen der Welt folgten gerade Großbritanniens Beispiel und gingen zum Goldstandard über. Andere sahen die Triebkräfte des Preisrückgangs in dem damals enormen Anstieg der Arbeitsproduktivität und den sinkenden Transportkosten, die der Bau von Eisenbahnen und Suezkanal bewirkte. Auch die Große Depression der 1930er-Jahre, die auf eine weitere Phase der

15 Siehe die Daten in David H. Fischer: The Great Wave. Price Revolutions and the Rhythm of History, Oxford 1996, S. 156ff.

16 Heute werten viele einflussreiche Autoren diese Periode nicht als eine Depression. Skidelsky etwa schreibt, sie sei »keine Depression im modernen Sinne gewesen, sondern eine anhaltende deflationäre Krankheit, punktuell unterbrochen von kurzen Euphorieausbrüchen« (Skidelsky: Money and Government, S. 51). Das Kompendium zeitgenössischer Beschreibungen der Schwierigkeiten von Unternehmen, Arbeitslosigkeit und massenhafter Armut in David A. Wells' faszinierendem Buch »Recent Economic Changes and Their Effect on the Production and Distribution of Wealth and the Well-Being of Society« (New York 1890) lässt allerdings keinen Zweifel daran, woher die Vorstellung einer langen Depression kam.

Prosperität und steigenden Preise folgte, brachte zweifellos eine schwere Deflation mit sich, und auch dies wurde von einigen Autoren auf eine falsche Geldpolitik zurückgeführt – in diesem Fall auf das Versäumnis der Regierung, die Geldmenge ausreichend zu erhöhen.

Die Fragen, die durch starke Preisveränderungen aufgeworfen werden, sind seitdem um einen neuen Aspekt erweitert worden: Seit den 1940er-Jahren besteht weltweit die Erfahrung einer mehr oder minder durchgängigen Inflation, für die oft die Haushalts- und Geldpolitik der Staaten verantwortlich gemacht wird. Als die Regierungen auf die Große Rezession von 2008 reagierten, indem sie riesige Geldsummen in das globale Finanzsystem pumpten, um in Schieflage geratene Banken und andere Unternehmen zu stützen, erwarteten viele Ökonomen aufgrund dieser Erfahrung, dass die mit dem vielen Geld einhergehende Ausweitung der Nachfrage zu einer hohen Inflation führen würde. Das bestätigte sich jedoch nicht, und manche Ökonomen spekulierten nun sogar über die Gefahr einer Rückkehr der Deflation, da die Wirtschaft von einer »säkularen Stagnation« geprägt sei – ein Begriff aus der Ära der Großen Depression, der 2013 durch eine Rede des ehemaligen US-Finanzministers Lawrence Summers ein Comeback erfuhr. Die rapide Inflation von 2021 verblüffte dann diejenigen, die aufgrund einer möglichen Deflation besorgt waren, und bestätigte die Ängste derer, die bereits seit Jahren steigende Preise erwartet hatten. Unabhängig von ihren theoretischen Ansichten sprachen sich nun fast alle Ökonomen für eine straffere Geld- und Finanzpolitik aus, um die Preise wieder zu drücken. Summers selbst warnte 2022, es wäre »unklug, wenn sich die Federal Reserve von ihren Plänen für aggressive Zinserhöhungen abbringen lassen sollte«, denn dies würde »eine ›Stagflation‹ bedeuten, bei der eine hohe Inflation den wirtschaftlichen Abschwung noch verschlimmern würde«.[17]

17 Christopher Anstey: Larry Summers Warns of a Dreaded Economic »Doom Loop«, in: Fortune, 21.11.2022, unter www.fortune.com/2022/10/21/larry-summers-warns-doom-loop-deficit-interest-rates-economy.

Auch wenn Fragen über das Wesen des Geldes und seinen Platz im Wirtschaftsleben heute mindestens so dringlich sind wie vor zweihundert Jahren, hat sich der Kapitalismus verändert. Klar scheint, dass wir uns zum Verständnis der gegenwärtigen Inflation die Wirtschaftsgeschichte des vergangenen Jahrhunderts ansehen müssen – im Hinblick auf neuartige Phänomene wie auch auf Kontinuitäten.

2 — Das Zeitalter der Inflation

Wirtschaftshistoriker sind sich einig, dass die Zeit um den Zweiten Weltkrieg einen Wendepunkt in der Geschichte der Inflation darstellt. Von einem zeitweiligen Phänomen, bedingt durch Revolutionen, staatliche Kriegsfinanzierung und wirtschaftliche Aufschwungphasen, wurden Preissteigerungen zu einem scheinbar permanenten Merkmal der kapitalistischen Ökonomie. In den Vereinigten Staaten war die Große Depression der 1930er-Jahre, wie angesichts einer sinkenden effektiven Nachfrage und steigender Produktivität zu erwarten, eine Zeit fallender Preise. Die Ankurbelung der Nachfrage durch staatliche Ausgabenprogramme im Rahmen des New Deal führte zu einem kurzzeitigen Ende der Deflation, die jedoch bald wieder zum vorherrschenden wirtschaftlichen Phänomen wurde, bis schließlich 1941 die Kriegsproduktion einen Inflationsschub auslöste. Wie oben gezeigt, war auch dies zu erwarten gewesen. Die Preissteigerungen hielten allerdings nicht nur in den unmittelbaren Nachkriegsjahren an: Mit Ausnahme der Jahre 1949 und 1954 befand sich die US-Wirtschaft nach offiziellen Angaben des Bureau of Labor Statistics seitdem pausenlos in einem Zustand der Inflation.

Das war keineswegs ein spezifisch amerikanisches Phänomen. Von 1950 bis 1973 lag die durchschnittliche Inflationsrate der Verbraucherpreise in den vier größten europäischen Ländern (Deutschland, Frankreich, Italien und Großbritannien) bei 4 Prozent, im Zeitraum von 1973 bis 1989 kletterte sie auf 8,4 Prozent.[1] Japan erlebte unmittelbar nach dem Krieg eine durch seine Kriegsschulden befeuerte Hyperinflation, die an das Deutschland von 1923 erinnerte, bevor der Wiederaufbau

1 Zahlen nach Gianni Toniolo: Europe's Golden Age, 1950–1973, in: Economic History Review, 2/1998, S. 252–267, hier S. 252. Wie eben bemerkt, sollte man die Zahlen *cum grano salis* betrachten.

der Wirtschaft ab 1950 bis in die späten 1980er-Jahre zu einer kontinuierlichen Inflation auf dem für entwickelte Industrieländer inzwischen normal gewordenen Niveau führte. Mit Blick auf die Jahrzehnte nach 1960, als steigende Preise rund um den Globus eine der größten Sorgen von Wirtschaftspolitikern wurden, stellt der Historiker Charles Maier zwar fest, dass »die anhaltende weltweite Inflation, die in den späten 1960er-Jahren einsetze, nicht die hyperinflationären Ausmaße annahm, die viele Währungen nach den beiden Weltkriegen wertlos gemacht hatten«. Gleichzeitig aber hatten »die Industrieländer noch nie eine Inflation erlebt, die so stark war und gleichzeitig so lange anhielt wie jene, die nun sämtliche Mitgliedsstaaten der Organisation für wirtschaftliche Zusammenarbeit und Entwicklung (OECD) erfasste«.[2] Offensichtlich machte sich etwas Neues geltend. Aber was?

Als Ursache der veränderten Lage gelten zumindest für die großen Wirtschaftsmächte zwei bedeutende Wandlungen des Wirtschaftssystems. Die eine war das Ende des Goldstandards – der Konvertierbarkeit von Papiergeld in Goldmünzen oder -barren zu einem garantierten Kurs – als Bindeglied zwischen nationalen und internationalen Währungssystemen sowie als Regulator der Geldmenge.[3] Der Goldstandard war von den großen (und einigen kleineren) Wirtschaftsmächten um 1870 eingeführt worden; der Ausbruch des Ersten Weltkriegs setzte ihm 1914 ein Ende. Nicht nur erleichterte er Handel und Kapitalverkehr zwischen Wirtschaften mit unterschiedlichen Währungen, er galt darüber hinaus häufig als Ursache des Wachstums und Wohlstands im *fin de siècle*, weshalb er nach dem Ersten Weltkrieg wiederbelebt wurde.[4] Doch der Gold-

2 Charles Maier: Inflation and Stagnation as Politics and History, in: ders./Leon N. Lindberg (Hrsg.), The Politics of Inflation and Economic Stagnation, Washington 1985, S. 3–34.

3 So meint Angus Maddison in »The World Economy in the 20th Century« (Paris 1989), eine »Hauptursache der weltweiten Inflation« sei »der Zusammenbruch der Ordnung von Bretton Woods gewesen, die ein auf dem Dollar beruhendes internationales Währungssystem mit festen Wechselkursen gewährleistet hatte« (S. 86).

4 In den Vereinigten Staaten galt der Goldstandard typischerweise sogar als Ausdruck der »moralischen Qualitäten einer großen Nation, als leuchtendes Beispiel für ihren Fortschritt auf dem Pfad der Zivilisation, als deutliches Zeichen dafür, dass sie den obersten aller christlichen Werte pflegt: absolute Ehrlichkeit«. (Elliot

standard der Zwischenkriegszeit befand sich bereits 1931 im Niedergang: Die Regierungen opferten die Stabilität der Devisenmärkte dem Versuch, die Folgen der Depression im eigenen Land durch eine lockere Kreditvergabe zu bewältigen; 1936 war der Goldstandard Geschichte. Im Übrigen hatte er weder den Zusammenbruch des globalen Währungssystems im Jahr 1914 noch den Absturz in die Depression von 1929 verhindern können. (Einflussreiche Stimmen meinen inzwischen sogar, im zweiten Fall habe sich eine monetäre Kontraktion – eine Deflation – in den Vereinigten Staaten »durch den internationalen monetären Standard rund um den Globus ausgebreitet« und eine weltweite Depression verursacht.[5]) In den 1920er-Jahren argumentierte namentlich der Ökonom John Maynard Keynes, die Ablösung des Goldstandards durch ein von der Zentralbank gesteuertes nicht-metallisches Geld sei von entscheidender Bedeutung, um die Depression zu überwinden und den Wohlstand zu sichern.

1944 trafen sich Vertreter von 44 Ländern unter der Ägide des US-Finanzministeriums in Bretton Woods (New Hampshire), um mit Blick auf das Kriegsende eine neue Weltwirtschaftsordnung zu entwerfen; die britische Delegation wurde von Keynes angeführt. Sie einigten sich auf einen Gold-Dollar-Standard: Der US-Dollar, international (wenngleich nicht im Inland) gegen Gold eintauschbar, sollte für alle anderen nationalen Währungen als Reservewährung dienen – neben dem Gold und »so gut wie Gold«. Dieses System kam 1971 an sein Ende, als die USA die Konvertibilität des Dollar aufhoben, denn die Mengen, die sie inzwischen emittiert hatten, gingen weit über ihre Goldbestände hinaus. Es hatte die ununterbrochene Inflation aber ohnehin kaum gebremst. Zu großen Teilen, so der Politikwissenschaftler Robert O. Keohane, »ging die Inflation, die in den späten 1960er-Jahren das internatio-

C. Cowdin: Historical Sketch of Currency and Finance. An Address Delivered Before the Citizens of Cincinnati, Ohio, in Robinson's Opera House, June 12, 1876, Cincinnati 1876, S. 52)

5 Ben Bernanke/Harold James: The Gold Standard, Deflation, and Financial Crisis in the Great Depression, in: R. Glenn Hubbard (Hrsg.): Financial Markets and Financial Crisis, Chicago 1991, S. 41.

nale Finanzsystem erfasste, von den Vereinigten Staaten aus«.[6] Aufgrund des US-Handelsdefizits und der Rolle des Dollar als Reservewährung sammelte sich das amerikanische Geld im Ausland und vergrößerte so die monetäre Basis der betreffenden Länder, ohne die der USA zu verkleinern.

Heute bestehen die Währungen der Welt aus papiernem (oder elektronischem) Kreditgeld der Zentralbanken, das in sämtlichen Ländern durch Reserven an Dollars und einigen anderen Währungen sowie – für den Fall der Fälle – etwas Gold gedeckt ist. In der Wirtschaftstheorie stirbt kein Standpunkt je aus, und so gibt es bis heute Ökonomen (vor nicht allzu langer Zeit zählten zu ihnen so gewichtige Figuren wie der langjährige Fed-Präsident Alan Greenspan und Jacques Rueff, ein Berater von Charles de Gaulle), die beharrlich erklären, nur die Rückkehr zu einem wirklichen Goldstandard könne die Plage der Inflation bezwingen, denn nur eine vollständige Konvertibilität beschränke die Möglichkeiten der Regierungen, Geld zu drucken. In der Praxis ist der Goldstandard aber endgültig Geschichte.

Die zweite bedeutsame Veränderung seit den frühen 1930er-Jahren bestand in einem massiven Anstieg der Staatsausgaben und -verschuldung, der mit Bemühungen zur Depressionsbekämpfung begann, mit Ausbruch des Zweiten Weltkriegs steiler wurde und seitdem nicht mehr aufgehört hat. Nimmt man beide Veränderungen zusammen, dann scheinen die zwei Phänomene, die Großbritannien zu Beginn der 1800er-Jahre kennzeichneten – die Aufhebung der Goldkonvertibilität und die Staatsverschuldung für den Krieg –, verallgemeinert und auf Dauer gestellt worden zu sein. So wie die Bullionisten für die damalige Inflation in Großbritannien die Ablösung des Geldes vom Gold verantwortlich machten, die das Schuldenmachen förderte, wurden für die Inflation nach dem Zweiten Weltkrieg die nahezu durchweg unausgeglichenen Staatshaushalte verantwortlich gemacht, gefördert durch das Fehlen einer metallischen Basis des Geldes bei Transaktionen

6 Robert O. Keohane: The International Politics of Inflation, in: Lindberg/Maier (Hrsg.): The Politics of Inflation, S. 83.

im Inland und, seit dem Ende von Bretton Woods, auch international. Doch obwohl Haushaltsdefizite und »übermäßige« Staatsausgaben als Ursache der anhaltenden Inflation ausgemacht wurden, die »schleichend« voranschritt und immer wieder zweistellige Werte erreichte, schienen Regierungen und Zentralbanken außerstande zu sein, den Trend aufzuhalten.

Schuldenfinanzierte Staatsausgaben

In diesem achtzig Jahre andauernden Prozess lassen sich mehrere Stadien voneinander unterscheiden. In den Vereinigten Staaten bewegte sich der New Deal zunehmend in Richtung einer schuldenfinanzierten Konjunkturpolitik, so vorsichtig die Roosevelt-Regierung auch agierte und so sehr sie beteuerte, dass sie dem Grundsatz eines ausgeglichenen Bundeshaushalts verpflichtet bleibe. Die Regierung übernahm eine aktive Rolle bei der Steuerung des Geldes: Die Vereinigten Staaten schieden aus dem Goldstandard aus und werteten ihre Währung ab, indem sie den Dollarpreis des Goldes erhöhten, was amerikanische Exporte förderte und einen Zustrom von Gold in das Land auslöste. Die Gründung der Federal Deposit Insurance Corporation, die Bankeinlagen bis zu einer gewissen Höhe garantierte, beendete die Anstürme auf die Banken, die das amerikanische Finanzwesen schwächten, während die durch Staatsanleihen gedeckte Schöpfung von drei Milliarden Dollar die Liquidität der Kreditinstitute stärkte. Agrarproduzenten, die durch die wachsende Preisschere zwischen ihren Erzeugnissen und Industrieprodukten in den Ruin getrieben wurden, bekamen staatliche Kredite und mussten im Gegenzug ihre Produktion drosseln, um die Preise zu stabilisieren. Als die Depression anhielt, nahm die Regierung mehr Kredite auf, um durch erhöhte Ausgaben die Arbeitslosigkeit zu bekämpfen und die Gesamtnachfrage zu stärken. Die anhaltenden Lippenbekenntnisse zu einem ausgeglichenen Haushalt führten zu buchhalterischer Akrobatik und wiederholten Versprechen, ihn »nächstes Jahr« zu erreichen; außerdem wurden die Steuern erhöht, besonders stark 1935, als sich das Geschäftsklima aufzuhellen schien. Doch der Abschwung setzte sich bereits

1937 fort, als die privaten Investitionen noch immer ein Drittel unter dem Niveau von 1929 lagen, und zwei Jahre später gab es zehn Millionen Arbeitslose.[7] Ökonomen warnten vor einer »säkularen Stagnation«: dem Ende des Wirtschaftswachstums, bewirkt von der »Reifung« des kapitalistischen Systems.

Das zweite wichtige Beispiel für staatliche Bemühungen, die Wirtschaftsdepression zu überwinden, bot Deutschland. Auch hier hatten die Ausgaben für öffentliche Bauprojekte, 1932 von der Regierung Schleicher initiiert und im folgenden Jahr unter Hitler fortgesetzt, dürftige Resultate; so sehr die Nazis ihn auch anpriesen, in »Wirklichkeit war der Einfluss des Autobahnbaus auf die Arbeitslosigkeit zu vernachlässigen«.[8] Der Aufschwung von 1933/34 wurde weder durch eine Wiederbelebung der privaten Investitionen noch durch Beschäftigungsprogramme und Hilfen für die Bauern angetrieben, sondern von einer massiven Erhöhung der Militärausgaben. Auch in den Vereinigten Staaten stellte sich eine annähernde Vollbeschäftigung erst 1941 ein, als die Rüstungsindustrie und verwandte Branchen bereits vor dem formellen Kriegseintritt des Landes auf Hochtouren liefen.

Da Deutschland einen Krieg führte, dessen Größenordnung seine materiellen Kapazitäten überstieg, weitete der Staat seine Kontrolle über die Ökonomie immer stärker aus und unterwarf die Wirtschaften der eroberten Länder den eigenen Bedürfnissen; in den USA »schuf der Krieg Vollbeschäftigung, schob die Aussicht auf eine säkulare Stagnation hinaus, bot eine Atempause von den Kontroversen um den New Deal, führte zur Beteiligung von Unternehmern an der Gestaltung der staatlichen Wirtschaftspolitik und hinterließ enorme Schulden des Bundes, große öffentliche Haushalte und eine laufende Besteuerung über das gesamte Jahr hinweg«.[9]

Diese Situation, die in scharfem Kontrast zum Jahrzehnt der Depression stand, bestimmte den Rahmen der Nachkriegs-

7 Herbert Stein: The Fiscal Revolution in America, Chicago 1969, S. 89.

8 Adam Tooze: Ökonomie der Zerstörung. Die Geschichte der Wirtschaft im Nationalsozialismus, übers. v. Yvonne Badal, München 2007, S. 70.

9 Stein: Fiscal Revolution, S. 170.

politik. Die Massenarbeitslosigkeit hatte zwar nicht die amerikanische Arbeiterklasse radikalisiert, aber doch die Beschaffenheit und die Zukunftsaussichten eines Gesellschaftssystems infrage gestellt, in dem eine wachsende Mehrheit der Bevölkerung für ihr Überleben auf Lohnarbeit angewiesen ist. Ausgehend von der Annahme, die Marktwirtschaft diene letztlich dem Konsum, war es für Ökonomen naheliegend, die Verarmung der plötzlich arbeitslos gewordenen Menschen sowie den Rückgang der Privatinvestitionen als ein Problem darzustellen, das aus ungenügender Verbrauchernachfrage resultiere. Auch Landwirte und industrielle Unternehmer erfuhren den Konjunktureinbruch als ein Schrumpfen der Märkte für ihre Güter, das zu einem dramatischen Preisverfall führte. Da allgemein erwartet wurde, mit dem Ende des Krieges werde die Depression zurückkehren, kam der Gedanke auf, der Staat, der sich mit dem New Deal und insbesondere durch seine Lenkung der Kriegswirtschaft als ökonomischer Akteur etabliert hatte, solle für dauerhafte Vollbeschäftigung sorgen. Nach dieser zunehmend verbreiteten Auffassung

> »war Vollbeschäftigung das entscheidende Mittel, um alle Bevölkerungsgruppen zufriedenzustellen. […] Sie wurde zum obersten Ziel von Hilfs- und Anpassungsprogrammen für die Landwirtschaft. Sie wurde zur notwendigen Voraussetzung, um die Unternehmensgewinne wiederzubeleben und die Investitionsmöglichkeiten zu verbessern. […] Sie wurde zum sichersten Weg, das Einkommen von Arbeitern zu steigern, denn sie garantierte ihnen nicht nur Beschäftigung, sondern bot auch einen Anreiz zur Aus- und Fortbildung.«[10]

Allerdings lösten die möglichen gesellschaftlichen und ökonomischen Folgen eines solchen Versprechens unbegrenzter staatlicher Unterstützung bei amerikanischen Politikern und Unternehmern Befürchtungen aus, die zur Folge hatten, dass aus dem Entwurf für ein »Vollbeschäftigungsgesetz« 1946

10 Ebd., S. 172.

schließlich nur eines wurde, das eine nicht näher definierte »höchstmögliche« Beschäftigung zum Ziel hatte; gleichzeitig stellte die Regierung offiziell Ökonomen ein, die das neue Wirtschaftsberatergremium des Präsidenten bildeten. Der Gedanke aber, dass der Staat eine Verantwortung für diejenigen Teile der lohnabhängigen Klasse trage, für die die Privatwirtschaft keine Verwendung hat, war damit dennoch institutionalisiert.

Was das amerikanische Denken über die Rolle des Staates in der Wirtschaft natürlich prägte, war die Existenz der Sowjetunion und ab 1949 der Volksrepublik China – Einparteienstaaten, in denen die bisherige Privatwirtschaft einem zentral gelenkten System unterworfen wurde. Diese politisch-ökonomischen Gebilde, die einen beträchtlichen Teil der Erdoberfläche und der Weltbevölkerung beherrschten, verkörperten die Gefahr, dass die gesellschaftliche Vorherrschaft der Privateigentümer von Staatsbürokraten übernommen werden könnte. Vor diesem Hintergrund wurde in der »freien Welt« paradoxerweise der Ruf nach begrenzten Staatseingriffen in die Wirtschaft laut, um angesichts des Vormarschs eines staatlich gelenkten Modells den »freien Markt« zu schützen.

Das Bretton-Woods-Abkommen – dem es nicht gelang, die Sowjetunion in ein amerikanisch dominiertes System einzubinden – schuf zwar das Fundament für die Wiederbelebung des internationalen Handels, die letztlich aber von einer Wiederbelebung der kriegszerstörten Ökonomien Europas und Japans abhing. Unter dem Eindruck des heraufziehenden Kalten Krieges mit den sowjetisch beherrschten Staatsökonomien und weil die US-Wirtschaft offenkundig nur als Teil eines erneuerten globalen Systems wachsen konnte, stellten die Vereinigten Staaten im Rahmen des Marshall-Plans Mittel für den Wiederaufbau Europas bereit. Japan kam erst später im Zuge der US-Staatsausgaben für den Koreakrieg an die Reihe, und als der amerikanische militärisch-industrielle Komplex auf den Vietnamkrieg ausgerichtet wurde, profitierten davon sowohl Japan als auch Korea. Mit anderen Worten: Die Wiederbelebung der Weltwirtschaft ging mit einer Ausweitung der Rolle des Staates einher.[11] Noch während des Zweiten Weltkriegs, 1941, erklärte der Vorstandsvorsitzende der Procter & Gamble Corporation bei einem Treffen von amerikanischen Konzernchefs: »Die Herausforderung, vor denen die Wirtschaft nach dem Ende dieses Krieges stehen wird, kann nicht von einer Philosophie des *laissez-faire* oder dem ungezügelten Spiel der Kräfte von Angebot und Nachfrage bewältigt werden.«[12]

In Japan zum Beispiel sorgte die Zentralbank dafür, dass genügend Mittel für die Expansion der Unternehmen zur Verfügung standen, während die Regierung neben Industriekonzernen auch die große Wählergruppe der Bauern subventionierte (was in unterschiedlicher Form und Größenordnung in sämtlichen Industrieländern geschah). In Großbritannien, vom Verlust seines Imperiums und der Tatsache, dass die USA es als dominierende Handels- und Finanznation abgelöst hatten, zu einem schwächeren Wachstum verurteilt, wurden die Staatsausgaben gesteigert und bestand sogar eine Tendenz zur Verstaatlichung von Teilen der Industrie und des Finanzsektors. Auch in Italien kam es zu einer Ausweitung des Staatseigentums, wobei, wie der italienische Ökonom Michele Salvati bemerkt, »eine der Triebkräfte darin bestand, der Regierungspartei eine von der Großindustrie und dem Privatkapital unabhängige Quelle finanzieller Macht und Patronage zu verschaffen«.[13] Generell wurden in Europa die Sozialsysteme ausgebaut (vor allem Kranken-, Renten- und Arbeitslosenversicherung) sowie halbherzige Schritte in Richtung einer staatlichen Wirtschaftsplanung unternommen – etwa die wiederholten Versuche in Italien, den Süden des Landes zu entwickeln. Beide Tendenzen wurden auch in den USA immer stärker, wenngleich die staatlichen Mittel dort überwiegend in die Aufrüstung und tatsächliche Kriegsführung flossen.

---

11 Hellsichtig dargestellt wurde dies von Paul Mattick: The Keynesian International, in: Contemporary Issues, 8/1951, S. 299–311.

12 Robert M. Collins: The Business Response to Keynes, 1929–1964, New York 1981, S. 81f.

13 Michele Salvati: The Italian Inflation, in: Lindberg/Maier (Hrsg.): The Politics of Inflation, S. 515.

Das Ende des Zweiten Weltkriegs, das auf eine besonders tiefe und lange Depression folgte, läutete dreißig Jahre Prosperität ein. Selbst dieses Goldene Zeitalter, wie es später genannt wurde (in Frankreich spricht man von *les trente glorieuses*), war jedoch von zyklischen Auf- und Abschwüngen geprägt. Die Aufgabe, ein hohes Beschäftigungsniveau zu gewährleisten, wollten Wirtschaftspolitiker nun durch die Schaffung eines »Schwungrads« lösen, »das die Schwankungen der privaten Kapitalinvestitionen ausgleichen kann«, wie der Wirtschaftswissenschaftler Alvin Hansen erklärte.[14] Die Ökonomen, die nun scharenweise als Berater und Beamte in die Ministerien strömten, waren überzeugt, dass sie politische Maßnahmen zur Steigerung der Beschäftigung ausarbeiten konnten, ohne die Inflation auf ein unerwünschtes Niveau zu treiben. Es war nun die Rede davon, dem Konjunkturzyklus ein Ende zu setzen und die Wirtschaft einer »Feinjustierung« zu unterziehen. Der führende Wirtschaftswissenschaftler und Berater der US-Regierung Paul Samuelson erklärte 1955: »Mit der richtigen Fiskal- und Geldpolitik kann unsere Wirtschaft Vollbeschäftigung und jedes gewünschte Niveau von Kapitalbildung und Wachstum erreichen.«[15] Diese Regulierung der Konjunkturschwankungen machte es erforderlich, dass der Staat bei Bedarf mithilfe von Steuern oder geliehenem Geld eingriff. Und in der Tat: »Von Mitte der 1950er- bis Ende der 1970er-Jahre stieg der Anteil der öffentlichen Ausgaben am Volkseinkommen der OECD-Länder insgesamt um fast die Hälfte.«[16]

Die Erhöhung der Staatsausgaben war natürlich mit der Gefahr einer höheren Besteuerung verbunden. Da Steuern die Gewinne schmälern, sind die Unternehmer immer für ihre Senkung, sofern nicht gerade Krieg oder ein anderer nationaler Notstand herrscht – und oftmals selbst dann. Dieser Grundsatz geriet in Konflikt mit dem Ideal eines ausgeglichenen Staats-

14 Zit. n. Stein: Fiscal Revolution, S. 184.

15 US Congress, Joint Committee on the Economic Report, Federal Tax Policy for Economic Growth and Stability, 84th Cong., 1st sess., 1955, S. 233, zit. n. Stein: Fiscal Revolution, S. 363.

16 Rudolf Klein: Public Expenditure in an Inflationary World, in: Lindberg/Maier (Hrsg.): The Politics of Inflation, S. 205.

haushalts, in dem sich wiederum der Gedanke ausdrückt, dass die Staatstätigkeit auf das mit niedrigen Steuersätzen finanzierbare Minimum beschränkt werden sollte. Eine Alternative zur Deckung der öffentlichen Ausgaben durch Steuern war, wie wir gesehen haben, das Drucken von Geld, aber mittlerweile erwartete man, dass dies zu einer ungezügelten Inflation führen würde. So unterschied Franklin D. Roosevelt 1934 in einer Erklärung zu den Staatsfinanzen zwischen dem Drucken von »Greenbacks«, das es zu vermeiden gelte, und der Emission von Geld in begrenzten Mengen, die der bestehenden Staatsschuld entsprechen, womit die Währung die Form von »unverzinslichen Fünf- und Zehn-Dollar-Anleihen« erhalte, gedeckt durch bereits geliehenes und aus dem zukünftigen Steueraufkommen zurückzuzahlendes Geld.[17] Die andere Alternative bestand somit in der Kreditaufnahme. Wie sich herausstellte, war die Erhöhung der Schulden einer Erhöhung der Steuern vorzuziehen.

Als Haushaltsdefizite zwar nicht offiziell, aber doch in der Praxis als Preis für ein anhaltendes Wirtschaftswachstum akzeptiert wurden, das ein angemessenes Beschäftigungsniveau sicherzustellen vermochte, wurden sogar Steuersenkungen zur bevorzugten Alternative gegenüber Staatsausgaben. Es zeigte sich nun, wie Herbert Stein, ein Wirtschaftsberater des US-Präsidenten, formulierte, »dass das Haushaltsdefizit, nicht die öffentlichen Ausgaben, ausschlaggebend dafür waren«, eine Rezession zu vermeiden, womit »sowohl niedrigere Steuern als auch höhere Ausgaben« als entscheidender Hebel infrage kamen. Beides stärkte die effektive Nachfrage, aber im ersten Fall wurde die Kapitalrendite nicht verringert. Dieser Weg wurde besonders in den 1960er-Jahren favorisiert, als sich scheinbar zeigte, dass »das schwache Wirtschaftswachstum seit 1957 auf die schlechten Aussichten für rentable Privatinvestitionen zurückzuführen war, die durch spezifische Maßnahmen – vor allem eine Steuerreform – und nicht durch eine

17 Franklin D. Roosevelt: The Public Papers and Addresses of Franklin D. Roosevelt, Bd. III, New York 1938, S. 47, zit. n. Stein: Fiscal Revolution, S. 42. Das ist grob gesagt das, was die heutigen Dollar, die Banknoten der Federal Reserve, darstellen.

allgemeine Kaufkraftspritze verbessert werden mussten«.[18] Das galt umso mehr, als insbesondere in Wirtschaftskreisen die Meinung verbreitet war, hohe Unternehmens- und Einkommenssteuern schwächten den Anreiz zu Investitionen.

Gestärkt wurde diese Präferenz durch die Annahme, bei ungenügenden Privatinvestitionen müsse die Stärkung der Kaufkraft ab einem bestimmten Punkt zu Inflation führen, da sie die Gesamtnachfrage über die Produktionskapazität der Wirtschaft hinaus steigere und so die Preise des begrenzten Warenangebots in die Höhe treibe. In den USA zum Beispiel führte die Rezession von 1958 zu einem weiteren Anstieg der staatlichen Kreditaufnahme und Ausgaben; infolgedessen, so wurde behauptet, habe der Konjunkturrückgang nicht zu einem Rückgang der Preise geführt, weshalb der Verbraucherpreisindex weiter gestiegen sei. Tatsächlich »schien die Rezession einen langfristigen Inflationstrend zu überlagern, der damals bereits seit fast zwanzig Jahren herrschte«.[19] Die Inflation löste die rezessionsbedingte Arbeitslosigkeit als das zentrale Problem ab, das die Wirtschaftspolitik zu lösen hatte. In den 1970er-Jahren schließlich wurde das Nebeneinander von Inflation und Rezession zu einem so verbreiteten Phänomen, dass der Begriff der »Stagflation« aufkam.

Inflationsbekämpfung

Das Unbehagen, das die wachsende wirtschaftliche Rolle des Staates bei Unternehmern auslöste, und die damit verbundenen Inflationsbefürchtungen fielen angesichts des Ende der 1960er-Jahre festzustellenden Einbruchs der Profite, der von 1973 bis 1975 in den USA und Europa zu einer schweren Rezession führte, jedoch kaum ins Gewicht. Der Ökonom Angus Maddison fasste die wirtschaftlichen Entwicklungen 1989 so zusammen:

> »Seit 1973 hat sich das globale Wirtschaftswachstum dramatisch verlangsamt. Besonders deutlich ist dies in den OECD-Ländern, wo es 1974 zumeist zu einer scharfen Trendwende kam. Es gilt

18 Stein: Fiscal Revolution, S. 180, 394.

19 Ebd., S. 344.

> auch für die Sowjetunion und Osteuropa. Ebenso unübersehbar ist die Entwicklung in Lateinamerika, wo der Wendepunkt in den frühen 1980er-Jahren erreicht wurde. Mit Ausnahme Asiens handelt es sich tatsächlich um ein weltweites Phänomen. In Afrika und dem Nahen Osten war seit 1973 sogar häufig ein signifikanter Rückgang des Pro-Kopf-BIP zu verzeichnen.«[20]

Was damals bloß wie eine weitere Konjunkturschwankung aussehen mochte, stellt sich im Rückblick auf die darauf folgenden fünfzig Jahre wirtschaftlicher Turbulenzen – mit Bankenpleiten, Börsencrashs, internationalen Finanzkrisen, dem Beginn der Stagnation in Japan und der »Großen Rezession« von 2008 – eher als ein bedeutsamer Wendepunkt in der Geschichte des Kapitalismus dar. So deutete jedenfalls Fernand Braudel im Jahr 1979 die Lage: Von seinem Hochsitz aus überblickte er den Kapitalismus in der *longue durée* und fragte sich, ob wir nicht in einen »noch anhaltenderen, in einen säkularen Abschwung eingetreten« seien, in »eine Strukturkrise, die sich nur durch Beseitigung der alten und Aufbau neuer Strukturen bewältigen lässt«, »seit 1972–1974 weltweit die bekannten Schwierigkeiten einsetzten«.[21] Bewältigt ist diese Krise bis heute nicht, aber sie markiert fraglos das Ende des Goldenen Zeitalters nach dem Zweiten Weltkrieg.

Die Folgen des Abschwungs wurden durch noch mehr staatliche Kreditaufnahme und Ausgaben begrenzt – und so auch die Lösung hinausgeschoben, sofern Braudel recht hat. In Europa stiegen die Staatsausgaben von durchschnittlich 38 Prozent des BIP in den Jahren 1967 bis 1969 auf 46 Prozent in den Jahren 1974 bis 1976; in Japan von 19,3 Prozent (1970) auf 27,3 Prozent (1975) und schließlich 32,2 Prozent (1980); in den Vereinigten Staaten, wo die Industrieproduktion von September 1974 bis März 1975 um fast 25 Prozent einbrach, von 264,8 Milliarden Dollar (1973) auf 356,9 Milliarden Dollar (1975); 1950 waren es dagegen noch 40,8 Milliarden Dollar gewesen. Die finanzielle Dimension der Krise – insbesondere

20 Maddison: World Economy in the 20th Century, S. 85.

21 Braudel: Aufbruch zur Weltwirtschaft, S. 692.

der Zusammenbruch der milliardenschweren Franklin National Bank im Jahr 1974 – erforderte ein Eingreifen der Federal Reserve, die als Kreditgeber der letzten Instanz frisches Geld bereitstellte.[22]

So notwendig diese Maßnahmen auch waren, um schwerwiegende soziale Folgen der Rezession zu vermeiden, gingen sie doch mit einer rapiden Beschleunigung der Preissteigerungen einher. Der inflationäre Prozess, der in der zweiten Hälfte der 1960er-Jahre begann, erreichte in den 1970er- und frühen 1980er-Jahren seinen Höhepunkt. Nicht nur Ronald Reagan, der 1980 zum US-Präsidenten gewählt wurde, sondern auch ein »Komitee zur Inflationsbekämpfung« aus 13 namhaften Ökonomen, darunter zwei hochrangige Beamte der Federal Reserve und fünf ehemalige Staatssekretäre im Finanzministerium, behaupteten (um es mit Reagans Worten auszudrücken), »dass die Inflation eine Folge der vielen schuldenfinanzierten Staatsausgaben ist«.[23]

Besonders unbeliebt ist Inflation bei Bankern, weil sie den realen Zinssatz untergräbt (der nominale muss um die Inflation korrigiert werden) und Kredite später in abgewertetem Geld zurückgezahlt werden. Auch Anleihegläubiger sind auf einen stabilen Geldwert angewiesen, um den Wert ihrer Anlagen zu schützen. Und wie alles, was die Kosten in die Höhe treibt, macht die Inflation auch den Unternehmern das Leben schwerer, die unter Bedingungen von Konkurrenz versuchen müssen, ihre Mehrausgaben durch Preiserhöhungen auf andere Firmen und die Verbraucher abzuwälzen. Jedes Unternehmen ist gegen die Verteuerung der Waren und Dienstleistungen, die es für den eigenen Betrieb benötigt, und auf die Ablehnung von Lohnerhöhungen können sich alle einigen. In den 1970er-Jahren war daher viel von »Lohninflation« und einer »Lohn-Preis-Spirale« die Rede, die den Preisauftrieb befeuere

22 Zu den Zahlen, siehe Paul Mattick: Business as Usual. Krise und Scheitern des Kapitalismus, übers. v. Felix Kurz, Hamburg 2013, S. 71f.

23 Transcript of Reagan Address Reporting on the State of the Nation's Economy, in: New York Times, 6.2.1981, zit. n. David R. Cameron: Does Government Cause Inflation? Taxes, Spending, and Deficits, in: Lindberg/Maier (Hrsg.): The Politics of Inflation, S. 224.

und nur dadurch gestoppt werden könne, dass man die Macht der Gewerkschaften, immer höhere Tarifabschlüsse durchzusetzen, beschneide. Wie der Soziologe G. William Domhoff bemerkt, »waren sich die Unternehmen in ihrem Widerstand gegen die Gewerkschaften einig [...], denn deren Bezwingung bildet das zentrale Machtinteresse der Eigentümer von Gütern, die Einnahmen generieren sollen«.[24] Die Inflationsbekämpfung diente als Schlachtruf für dieses Anliegen sowie für die Begrenzung von Haushaltsdefiziten und Steuererhöhungen; die Staatsausgaben für Sozialprogramme und Regulierungsbehörden sollten gesenkt werden.

Da es für Politiker schwierig ist, solche Ziele durchzusetzen, können haushaltspolitische Maßnahmen nur begrenzt zur Lösung des Problems beitragen. Rund um die Welt haben sich Regierungen daher Hilfe von der Geldpolitik versprochen: Eines der Hauptargumente für die politische Unabhängigkeit der Zentralbanken ist ihre Immunität gegenüber dem Druck von Wählergruppen, die staatliche Programme, von denen sie profitieren, verteidigen – seien es Landwirte, die auf Subventionen angewiesen sind, Rentner oder Gewerkschafter, die auf die staatliche Durchsetzung des Arbeitsrechts vertrauen. In den Vereinigten Staaten hieß der Mann der Stunde Paul Volcker, der noch von Präsident Jimmy Carter zum Präsidenten der Federal Reserve ernannt worden war, aber vor allem unter Reagan entscheidend in Aktion trat. Die Diagnose – im Grunde der alte bullionistische Gedanke, die Inflation sei auf eine zu große Geldmenge zurückzuführen, die eine zu starke Nachfrage befeuere – legte eine Lösung nahe, die keine gesetzgeberischen Maßnahmen erforderte (der Kongress war wie von Reagan gewünscht gerade mit Steuersenkungen beschäftigt, die zusammen mit höheren Militärausgaben das Haushaltsdefizit gewaltig vergrößerten). Anstatt die Leitzinsen direkt festzulegen, setzte die Federal Reserve darauf, die Geldmenge auf einem Zielwert zu halten, der theoretisch durch den optimalen Wachstumspfad der Wirtschaft bestimmt sein sollte. Dadurch

24 G. William Domhoff: The Myth of Liberal Ascendancy, London 2013, S. 157.

stand den Banken weniger Geld für die Kreditvergabe zur Verfügung, und die Zinsen stiegen. Charles Schultze, Ökonom bei der Brookings Institution und ehemals Leiter von Carters Wirtschaftsberatergremium, erläutert Volckers Vorgehen so:

> »Wollte die Fed das Nötige tun, um die Inflation aufzuhalten und umzukehren, dann musste sie die Zinssätze in beispiellose Höhen treiben. [...] Das Geniale an dem, was Volcker tat – zu einer Zeit, in der man die Öffentlichkeit noch daran gewöhnen musste –, bestand darin, dass er ein System nutzte, das zum selben Ergebnis führte, bei dem er aber sagen konnte: Wir erhöhen die Zinssätze nicht, wir legen nur einen nicht-inflationären Pfad für die Geldmenge fest, und die Märkte erhöhen die Zinssätze. Dadurch konnte die Fed in dieser Zeit des Übergangs politisch etwas tun, was sie nicht auf direkte Weise hätte tun können.«[25]

Von 1979 bis 1982 fiel die Inflation von 11 auf 4 Prozent, allerdings um den Preis einer schweren Rezession, die bis Ende 1982 zu einer Arbeitslosenquote von über 10 Prozent führte; zwei Jahre später folgte der Bankrott von 118 Sparkassen und Kreditinstituten sowie der Continental Illinois National Bank and Trust Company, der siebtgrößten Bank des Landes. Gleichzeitig beschloss die Regierung Reagan, die Rechte der Gewerkschaften einzuschränken, das Arbeitslosengeld zu kürzen, die Hilfen für ärmere Familien zu streichen sowie die Arbeitsschutzbestimmungen und ihre Durchsetzung zu schwächen. Auf internationaler Ebene lösten die höheren Zinssätze in Ländern wie Mexiko, die umfangreiche Kredite in Dollar aufgenommen hatten, schwere Krisen aus.

In Großbritannien spielte Margaret Thatcher die Rolle Reagans: Sie bekämpfte die Gewerkschaften, deregulierte die Wirtschaft und trieb die Privatisierungen voran. Durch höhere Zinssätze und die Kürzung der Staatsausgaben drückte ihre Regierung die Inflation von 17,8 auf 4,3 Prozent – um den absehbaren Preis von Unternehmenspleiten, Arbeitslosigkeit, tiefen

25 W. Carl Biven: Jimmy Carter's Economy. Policy in an Age of Limits, Chapel 2002, S. 242, zit. n. Domhoff: Myth of Liberal Ascendancy, S. 230.

Einschnitten in das Gesundheitssystem und einer Verarmung der Arbeiterklasse. Interessant ist, dass die 1981 gewählte Regierung von François Mitterrand in Frankreich anfangs zwar in die entgegengesetzte Richtung steuerte – sie verstaatlichte Unternehmen, investierte in öffentliche Projekte und Staatsbetriebe, hob den Mindestlohn an, verkürzte die Arbeitszeit und besteuerte Vermögen –, durch Kapitalflucht und wachsende Inflation aber sehr bald zu einer Kehrtwende gezwungen wurde.

Seit 1973 hat die wirtschaftliche Dynamik zumeist »von Dekade zu Dekade nachgelassen (mit Ausnahme der zweiten Hälfte der 1990er-Jahre)«. Das überrascht nicht, da »die weltweiten Kapitalinvestitionen mit Ausnahme Chinas in sämtlichen Regionen – auch in den ostasiatischen Schwellenländern – seit Mitte der 1990er-Jahre nachgelassen haben«.[26] Nur die Lockerung der Kreditvergabe durch die Federal Reserve in den frühen 1990er-Jahren belebte die Aktienmärkte – und mündete in eine gewaltige Immobilienblase.

> »Die Jahre Reagans hatten scheinbar eine Ära eröffnet, in der das staatliche Engagement in der Wirtschaft den Privatunternehmen zugutekam, anstatt ihnen Konkurrenz zu machen: Die Rüstungsausgaben subventionierten kapitalistische Konzerne; die wachsenden Zinsen für die Staatsschulden flossen an private Banken, während die vermeintlich ausfallsicheren Staatsanleihen die Portfolios von Investoren stärkten; die von der Federal Reserve unter Alan Greenspan geförderten günstigen Kredite ermöglichten unterdessen eine Blüte des Finanzsektors sowie den privaten Konsum, der in letzter Instanz die gesamte Weltwirtschaft antrieb.«[27]

Als die Immobilienblase 2008 platzte und beinahe das globale Finanzsystem mit in den Abgrund riss, wendeten allein massive Dollarspritzen für die Banken eine schwere Depression ab.

26 Robert Brenner: What is Good for Goldman Sachs Is Good for America. The Origins of the Present Crisis, University of California, Los Angeles, Center for Social Theory and Comparative History, 2009, unter www.escholarship.org/uc/item/0sg0782h, S. 6.

27 Mattick: Business as Usual, S. 92.

Dadurch kletterte die Staatsverschuldung in sämtlichen Ländern der Welt auf ein bis dahin ungekanntes Niveau – auch in China, das durch seinen neuen Status als zweitgrößte Wirtschaft der Welt nunmehr zwangsläufig von den Wechselfällen des globalen Kapitalismus betroffen ist. Wie gezeigt riefen die internationalen Rettungsmaßnahmen scheinbar keine nennenswerte Inflation hervor, wenn man die üblichen Maßstäbe der Statistikbehörden zugrunde legt (während die Preise auf den Aktien-, Rohstoff- und Immobilienmärkten durchaus in die Höhe schossen). Das mag die Bereitschaft der Regierungen gefördert haben, auf den von der Corona-Pandemie ausgelösten Abschwung abermals mit gigantischen Konjunkturprogrammen zu reagieren. Mit der Rückkehr der Inflation im Jahr 2021 schlug das Pendel dann wieder in die andere Richtung aus – die Inflation wurde erneut zum Hauptproblem der politisch Verantwortlichen und der Ruf nach einer Begrenzung der staatlichen Konjunkturmaßnahmen ebenso laut wie die Sorge, dass sich eine Lohn-Preis-Spirale entwickeln könnte.

Hatten Reagan und das »Komitee zur Inflationsbekämpfung« recht, als sie die staatliche Defizitfinanzierung für die anhaltend hohe Inflation verantwortlich machten? Und wenn ja, welche Mechanismen könnten diesen Zusammenhang begründen? Zur Erklärung der Beziehungen zwischen Staat, Marktwirtschaft und monetären Phänomenen haben sich vor allem zwei Mainstream-Theorien herausgebildet: John Maynard Keynes' Revision der wirtschaftswissenschaftlichen Orthodoxie des frühen 20. Jahrhunderts (»Neoklassik«), mit der er die lange Depression der 1930er-Jahre erklären und Wege zu ihrer Überwindung vorschlagen wollte; und der Monetarismus als Rückkehr zu einer strikter neoklassischen Theorie, die wiederum ein Scheitern der keynesianischen Maßnahmen diagnostizierte und zugleich die Probleme erklären sollte, auf deren Überwindung sie gezielt hatten. Sehen wir uns diese beiden Versuche, den Ort des Geldwesens in der kapitalistischen Wirtschaft zu begreifen, etwas näher an.

3 — Theorien und politische Maßnahmen

Die vorherrschende Auffassung darüber, wie monetäre Dynamiken das Wirtschaftssystem stören können, besteht seit mehreren Jahrhunderten in der Quantitätstheorie des Geldes: Bei einem gegebenen Zustand der (»realen«) Wirtschaft bewegt sich das allgemeine Preisniveau demnach direkt mit der Geldmenge. Zurückverfolgen lässt sich dieser Gedanke bis ins 16. Jahrhundert, als Martín de Azpilcueta die steigenden Getreidepreise in Europa als eine Folge der Einfuhr von amerikanischem Silber und Gold nach Spanien zu erklären versuchte: »Das Geld«, meinte er, »ist mehr wert, wenn und wo es knapp ist, als wenn ein Überfluss an ihm besteht.«[1] Größere Verbreitung erhielt diese Ansicht etwa zur selben Zeit durch den bekannteren Jean Bodin. Im 18. Jahrhundert vertrat dann unter anderem der Philosoph (und Freund von Adam Smith) David Hume eine Spielart der Quantitätstheorie. Wie der Autor von »Der Wohlstand der Nationen« wandte sich Hume gegen die merkantilistische Gleichsetzung von Reichtum mit Geld. In Wirklichkeit galt ihm zufolge: »Geld ist, genau genommen, keine Handelsware, sondern nur das Instrument, auf das Menschen sich geeinigt haben, um den Tausch von Waren zu erleichtern.«[2] Da Geld an sich kein Reichtum sei (der für Hume in Arbeitskraft und Waren bestand), sondern ihn lediglich repräsentiere, richteten »die Preise der Waren sich immer nach der Geldmenge«. Deren Erhöhung durch die Schöpfung von Bankkrediten konnte demnach zwar kurzfristig, bevor die Preise allgemein steigen, die Produktion ankurbeln, indem sie mehr Mittel für Käufe bereitstellt; langfristig jedoch, wenn

1 Zit. n. David H. Fischer: The Great Wave. Price Revolutions and the Rhythm of History, Oxford 1996, S. 84.

2 David Hume: Über Geld, in: ders., Politische und ökonomische Essays. Bd. 2, übers. v. Susanne Fischer, Hamburg 1988, S. 205.

alle Preise gestiegen sind, hätte sich am Zustand der Wirtschaft wenig geändert – abgesehen vom höheren Preisniveau. Hume formulierte es zwar nicht ausdrücklich, ging aber offenbar von der Annahme aus, dass das in einem gegebenen Wirtschaftssystem vorhandene Geld vollständig in den Handel eingeht. Dient mehr Geld als Tauschmittel, dann muss eine gegebene Gütermenge demnach im Preis steigen.

Wie wir gesehen haben, war die Quantitätstheorie grundlegend für das Argument der englischen Bullionisten im frühen 19. Jahrhundert, die Abwertung des Pfunds nach der Aufhebung der Konvertibilität im Jahr 1797 sei auf die übermäßige Papiergeldausgabe durch die Bank of England zurückzuführen und lasse sich nur durch eine gedrosselte Ausgabe umkehren. So schrieb Ricardo in einer Verteidigung des vom Bullion Committee vorgelegten Berichts: »Mehr Geld in Umlauf zu bringen, das über den gewöhnlichen Bedarf des Handels hinausgeht, mindert den Wert dieses Geldes.«[3] Er war davon überzeugt, dass »die als Geld verwendeten Edelmetalle bis zur Gründung von Banken zwangsläufig in jenen Proportionen auf die verschiedenen Länder der Welt verteilt waren, die ihr Handel und der Zahlungsverkehr erforderten«, denn der Handel habe dazu geführt, dass die Edelmetalle aus weniger produktiven in produktivere Länder flossen, wo sie zur Erleichterung einer größeren Zahl von Tauschvorgängen benötigt wurden. Verwende man Papiergeld, müsse daher »sein Wert von der Menge an Metall reguliert werden, die zirkuliert wären, gäbe es solches Papiergeld nicht«.[4] Andernfalls würde die Überausgabe von Bankgeld eine gefährliche Störung der Nationalökonomie bewirken: Die Inflation der Währung durch die Zentralbank würde die Preise im Inland im Vergleich zum Ausland in die Höhe treiben und so eine negative Handelsbilanz erzeugen, die zum Abfluss von Gold aus dem Land führen musste. Als die Debatte aufgrund von Englands Rückkehr zum Goldstandard nach den napoleonischen Kriegen wieder entflammte, vertra-

3 David Ricardo: Reply to Mr Bosanquet's Observations on the Report of the Bullion Committee, London 1811, S. 91.

4 Ebd., S. 93f.

ten die Theoretiker der Currency School daher die bullionistische Position, feste Wechselkurse und somit die Sicherheit des Goldstandards erforderten es, die Ausgabe von Banknoten durch den Umfang der Goldreserven zu regulieren. Dieser Grundsatz wurde im Bank Charter Act von 1844 verankert, der eine Überausgabe von Kreditgeld selbst unter der Bedingung der Konvertibilität verhindern sollte, die grundsätzlich möglich war, weil das meiste Papiergeld de facto nie gegen Edelmetall eingetauscht wurde.

Gleichgewicht

»Neoklassik« ist eine eher fragwürdige Bezeichnung für die Ergebnisse der theoretischen Revolution, die sich in der Wirtschaftswissenschaft des späten 19. Jahrhunderts vollzog und besonders mit den Namen W. S. Jevons und Léon Walras verbunden ist, schließlich beruhten sie gerade auf einer Abkehr vom klassischen Ansatz, der die Bildung von Wert (Reichtum) in der Produktion verortete und sich mit der Reichtumsverteilung zwischen konkurrierenden gesellschaftlichen Klassen befasste. Der neue Ansatz dagegen rückte den Austausch von Gütern und Dienstleistungen zwischen individuellen Eigentümern ins Zentrum, der durch ihre subjektive Bewertung des eigenen und des begehrten fremden Eigentums geregelt werde. (Entsprechend galten die Grundbesitzer nicht mehr als feudale Relikte, deren Anspruch auf Rente die Lebensmittelpreise und damit die Löhne in die Höhe trieb, was mit dem Profitstreben der Kapitalisten kollidierte, sondern als Eigentümer eines Gutes, das mit Arbeitsleistungen, Investitionsgeldern und sämtlichen anderen Waren auf einer Stufe stand, und die wie jeder andere daran interessiert waren, durch Tauschhandlungen ihre Bedürfnisse maximal zu befriedigen.)

Da jeder Einzelne nach größtmöglicher Befriedigung strebe, wird die »Realwirtschaft« der Produktion und Konsumtion – sofern nicht äußere Faktoren wie schlechtes Wetter, Seuchen, Kriege oder andere staatliche Eingriffe sie beeinträchtigen – demnach im Lauf der Zeit in ein Gleichgewicht kommen, in dem alle Individuen das Beste aus den ihnen gegebenen

Ressourcen gemacht haben. Weil der Verbrauch den Endzweck des Systems bilde und jeder Einzelne frei wähle, wie er sich an diesem System beteiligt, sollen sich Fähigkeiten und Bedürfnisse – Angebot und Nachfrage – so einpendeln, dass die Anstrengungen der Gesellschaft insgesamt ein Höchstmaß an Befriedigung erzeugen und das Wohlergehen der Individuen und der Gesellschaft zur Harmonie gelangen. Nur weil jeder Einzelne das eigene Wohlergehen zum Ziel habe, nutze das System alle verfügbaren Ressourcen einschließlich Technik und Arbeitskräften, die bei Unternehmen Beschäftigung suchen. Wie der Ökonom Gottfried von Haberler 1937 in einer Studie für den Völkerbund erklärte, bedurften nur Wirtschaftseinbrüche wie die anhaltende Depression, die Massenarbeitslosigkeit hervorrief, einer theoretischen Erklärung, »da die Aufwärtsbewegung, die Annäherung an Vollbeschäftigung, als natürliche Folge der inhärenten Tendenz des Wirtschaftssystems gegen ein Gleichgewicht hin erklärt werden könnte«.[5]

Ein Gleichgewicht erfordert, dass die Tauschvorgänge, die das System zusammenhalten, sich vernünftig ineinanderfügen: Die Löhne müssen so festgesetzt werden, dass das Kapital eine Rendite abwirft, wenn die Güter zu Preisen verkauft werden, die die Verbraucher zu zahlen bereit sind. Das zentrale Anliegen der mathematischen Formeln, die neoklassische Theoretiker wie Walras, Vilfredo Pareto, Gustav Cassel und Joseph Schumpeter vorlegten, bestand in dem Nachweis, dass die Preisbeziehungen für sämtliche Güter und Dienstleistungen ein allgemeines Gleichgewicht von Angebot und Nachfrage ermöglichen. Dieser mathematische Zugang, übernommen von der im 19. Jahrhundert entwickelten Physik der Energiefelder, wurde mit dem neuen Bild der Wirtschaft als ein Mechanismus gerechtfertigt: Vereinheitlicht durch die Macht der subjektiven Wahl, bildete sie demnach ein System gleichzeitiger Tauschvorgänge, die sämtliche Preise bestimmen.[6]

5 Gottfried von Haberler: Prosperität und Depression. Eine theoretische Untersuchung der Konjunkturbewegungen, übers. v. Christof Reiner u. H. G. Bieri, Bern 1948, S. 254.

6 Die Anleihen der Neoklassik bei der mathematischen Physik werden sorgfältig dargestellt von Philip Mirowski: More Heat Than Light. Economics as Social Physics,

Wie die klassische Theorie stellte dieser Ansatz das Geld als etwas dar, das zur »Realwirtschaft« der Produktion und Konsumtion hinzutrete, um den für sie maßgeblichen Güteraustausch zu erleichtern. Joseph Schumpeter fasste dieses neoklassische Verständnis so zusammen:

> »Im großen und ganzen [...] verharrte die Geldtheorie in einem separaten Abteil, und die ›Wert- und Verteilungstheorie‹ in einem anderen. Die Preise (einschließlich der Einkommensraten) blieben in erster Linie Tauschrelationen, die das Geld auf absolute Größen reduzierte, ohne sie irgendwie zu beeinflussen – mit Ausnahme der Verleihung eines monetären Gewandes. Mit anderen Worten war das Modell des Wirtschaftsablaufs in allen wesentlichen Bestandteilen ein Tauschmodell, dessen Funktionieren von Inflationen und Deflationen gestört werden kann, das aber logisch vollständig und autonom ist.«[7]

Es muss genügend Geld vorhanden sein, um den Transfer aller Güter von einem Besitzer zum nächsten zu ermöglichen; die Gesamtmenge des Geldes, multipliziert mit der Zahl der Verwendungen jeder Geldeinheit für eine Transaktion (»Umlaufgeschwindigkeit«), sollte daher der Gesamtzahl der Transaktionen, multipliziert mit dem durchschnittlichen Preis der Güter, gleich sein. Laut den Verfechtern der Quantitätstheorie ist die Geldmenge das aktive Element in dieser »Verkehrsgleichung«: Ein Übermaß an Geld produziert Inflation, eine Knappheit an Geld dagegen Deflation, und beides kann fatale Folgen haben.

Die Quantitätstheorie wurde zur Erklärung der Konjunkturschwankungen herangezogen, die seit dem frühen 19. Jahrhundert beunruhigend unübersehbar geworden waren und

Physics as Nature's Economics, Cambridge 1989. Thomas M. Humphrey sieht »den wichtigsten Faktor« für die Dominanz der Quantitätstheorie in der Wirtschaftswissenschaft um die Jahrhundertwende in ihrer »streng mathematischen Neuformulierung durch neoklassische Ökonomen, die zu ihrem intellektuellen Reiz und wissenschaftlichen Prestige erheblich beigetragen hat«. (Thomas M. Humphrey: The Quantity Theory of Money. Its Historical Evolution and Role in Policy Debates, in: Federal Reserve Bank of Richmond Economic Review, Mai/Juni 1974, S. 12f)

7 Joseph Schumpeter: Geschichte der ökonomischen Analyse, Bd. 2, Göttingen 1965, S. 1321.

der theoretisch behaupteten Gleichgewichtstendenz anscheinend widersprachen. So schrieb etwa der amerikanische Geldtheoretiker Irving Fisher 1925, »dass Änderungen des Preisniveaus die Konjunkturschwankungen von 1915 bis 1923 fast vollständig erklären« und auch für den Zeitraum von 1877 bis 1914 bestimmend gewesen seien.[8] Solche Ansichten haben sich als ausgesprochen zählebig erwiesen: Wie bereits erwähnt, behauptete Ben Bernanke, Fed-Chef von 2006 bis 2014, die Große Depression sei durch eine von den US-Behörden ausgelöste »monetäre Kontraktion« verursacht worden und hätte sich dann »durch den internationalen monetären Standard rund um den Globus« ausgebreitet.[9] Christina Romer, oberste Wirtschaftsberaterin von Präsident Barack Obama, beanspruchte zeigen zu können, dass »die feststellbare Erholung der US-Wirtschaft bis 1942 fast ausschließlich auf eine monetäre Expansion zurückzuführen ist«, nämlich auf »einen starken Zufluss von Gold Mitte und Ende der 1930er-Jahre«.[10]

Solche Annahmen führten in der Zwischenkriegszeit zu »Bestrebungen zur Überwindung der Wirtschaftszyklen und zur Stabilisierung der Wirtschaft, des Geldwertes und der Weltpreise auf rein monetärem Wege, vermittels einer entsprechenden Zinsregulierung durch die Zentralbanken«, weil man meinte, so den Umfang der Kreditvergabe durch die Banken bestimmen zu können.[11] Angesichts der zentralen Rolle des Kredits in der kapitalistischen Ökonomie erklärte der einflussreiche schwedische Wirtschaftswissenschaftler Knut Wicksell, die geldpolitischen Institutionen könnten die Zinssätze »derart regeln, dass die internationale Zahlungsbilanz im Gleichgewicht, wie das allgemeine Niveau der Weltpreise auf unveränderter Höhe gehalten blieben«. Ähnlich schrieb

8 Irving Fisher: Our Unstable Dollar and the So-Called Business Cycle, in: Journal of the American Statistical Association, XX (1925), S. 191, 201, zit. n. Wesley C. Mitchell: Der Konjunkturzyklus. Problem und Problemstellung, übers. v. Ulrich Küntzel u. Hanna Stern, Leipzig 1931, S. 122.

9 Bernanke/James: Gold Standard, Deflation, and Financial Crisis, S. 41.

10 Christina Romer: What Ended the Great Depression?, in: Journal of Economic History, 4/1992, S. 757–784, hier S. 757.

11 Henryk Grossmann: Marx, die klassische Nationalökonomie und das Problem der Dynamik, Frankfurt am Main/Wien 1969, S. 56.

der britische Ökonom R. G. Hawtrey, die Konjunkturschwankungen entstünden »aus einer über die Welt verbreiteten Krediteinengung«; stabilisiere man den Strom des Geldes, um solche »Einengungen« zu vermeiden, dann würden auch die Konjunkturschwankungen verschwinden.[12]

Aufstieg und Fall des Keynesianismus

Inmitten der Großen Depression war der Gedanke eines von Natur aus ausgeglichenen Systems, das allein durch eine Fehleinschätzung der Währungsbehörden vorübergehend aus dem Lot gebracht worden sei, allerdings weniger überzeugend. Einerseits bewirkte die steigende Arbeitslosigkeit in den USA von 1929 bis 1932 zwar einen starken Rückgang der Löhne, was aber nicht dazu führte, ein Gleichgewicht bei Vollbeschäftigung wiederherzustellen. Wie John Maynard Keynes in seinem 1936 veröffentlichten Buch »Allgemeine Theorie der Beschäftigung, des Zinses und des Geldes« bemerkte: »Nicht gerade plausibel ist auch die Feststellung, dass in den Vereinigten Staaten die Arbeitslosigkeit im Jahr 1932 die Schuld der Arbeiter gewesen sei, die sich stur einer Nominallohnsenkung widersetzt oder ebenso stur auf höhere Reallöhne bestanden hätten, als die wirtschaftliche Produktivität hergab.«[13] Andererseits führten die sinkenden Zinssätze nicht zu einem zufriedenstellenden Wachstum der Kapitalinvestitionen. Wie im vorigen Kapitel gezeigt, nötigte diese Situation die Regierungen in den USA und anderen Ländern dazu, nicht nur die Kreditvergabe zu lockern, sondern außerdem soziale Nothilfen, Preisstützungen sowie Beschäftigungsprogramme auf den Weg zu bringen und die Staatsausgaben auch anderweitig zu steigern. Letztlich bot dann der Zweite Weltkrieg den Rahmen für eine Neuorganisation der Weltwirtschaft, die abermals eine Phase der Prosperität ermöglichen sollte. Keynes' Neuformu-

12 Knut Wicksell: Vorlesungen über Nationalökonomie auf Grundlage des Marginalprinzips, Jena 1920, Bd. 2, S. 241f.; R. G. Hawtrey: Währung und Kredit, Jena 1926, S. 124, beide zit. n. Grossmann: Marx, die klassische Nationalökonomie und das Problem der Dynamik, S. 56f.

13 John Maynard Keynes: Allgemeine Theorie der Beschäftigung, des Zinses und des Geldes, übers. v. Nicola Liebert, Berlin 2017, S. 24.

lierung der neoklassischen Theorie lieferte eine Erklärung und Rechtfertigung für die erweiterte Rolle der Staaten in diesem Prozess.[14]

Die Vorstellung, dass die kapitalistische Ökonomie von Natur aus zu einem Gleichgewicht von Angebot und Nachfrage tendiere, lehnte Keynes nicht grundsätzlich ab. Allerdings verstand er unter »Gleichgewicht« nicht, dass alle hergestellten Waren auch verkauft werden, sondern einen Zustand der Wirtschaft, der keine Tendenz zur Veränderung aufweist. Keynes beharrte darauf, dass die bestimmenden Faktoren von »Angebot« und »Nachfrage« gründlicher und stärker historisch untersucht werden mussten, als es bislang geschehen war. Wirtschaftswachstum, das zu mehr Beschäftigung führe, führe auch zu einem höheren Einkommen der Gesellschaft insgesamt. Keynes meinte – ohne weitere Begründung, da es ihm offenbar selbstverständlich schien –, es sei »psychologisch erklärbar, dass bei steigenden Realeinkommen auch der Gesamtkonsum steigt, wenngleich nicht im selben Maße wie das Einkommen«. Mit der Zeit wachse diese Kluft aufgrund einer nachlassenden »Konsumneigung«. Daher hänge das Beschäftigungsniveau vom Umfang der Investitionen ab: Sie müssen »so hoch sein, dass sie den Betrag binden, um den die Gesamtproduktion über dem Konsum der Bevölkerung [...] liegt«. Entsprechend hängt bei einem gegebenen Niveau der Nachfrage »das Gleichgewichtsniveau der Beschäftigung [...] von der Höhe der laufenden Investitionen ab«.[15] Doch was wiederum bestimmt diese Höhe?

Was nicht für den Konsum ausgegeben wird, wird gespart; die neoklassische Theorie (von Keynes verwirrenderweise die »klassische« genannt), die das Geld als schlichtes Schmiermittel für den Tausch auf dem Markt betrachtete, ging selbstverständlich davon aus, Ersparnisse würden gegen Zinsen an Unternehmer verliehen, die das Geld in die Produktion

14 Wie sich die Entwicklung der wirtschaftlichen Staatseingriffe in den USA während der Ära des New Deal zur keynesianischen Theorie verhielt, wird prägnant dargestellt von Stein: Fiscal Revolution, Kap. 7.

15 Keynes: Allgemeine Theorie, S. 37.

investieren. Bricht die Konjunktur ein und es wird mehr Geld gespart und weniger investiert, dann führt dieses Ungleichgewicht demnach zu Zinssenkungen, die die Unternehmer zu vermehrter Kreditaufnahme und die Haushalte zu mehr Konsum veranlassen. Dadurch stelle sich das Gleichgewicht zwischen Ersparnissen und Investitionen wieder her und herrsche erneut Vollbeschäftigung.

Keynes hielt dieses Bild für falsch. Die Zinsrate wird ihm zufolge nicht durch das Zusammenspiel von Ersparnissen und der Nachfrage nach Investitionsmitteln bestimmt, verstanden als monetäre Repräsentation »realer« Konsum- und Produktionsgüter, sondern durch Angebot und Nachfrage nach Geld. Geld ist für ihn eine wirtschaftliche Realität eigener Art – Keynes' Beharren darauf war ein bedeutender Bruch mit der neoklassischen Auffassung –, weil es nicht nur zum Kauf von Gütern in realen Transaktionen, sondern auch zur Spekulation auf zukünftige Entwicklungen verwendet wird. Als Absicherung gegen die Unwägbarkeiten der Zukunft wird es gehortet – Keynes nannte dies die »Liquiditätspräferenz«. *»Denn«*, so betonte er, *»die Bedeutung des Geldes rührt im Wesentlichen von seiner Eigenschaft als Bindeglied zwischen der Gegenwart und der Zukunft her«*, als ein Medium, durch das »wechselnde Einschätzungen der künftigen Entwicklung die gegenwärtige Situation beeinflussen können«. Während das mathematische allgemeine Gleichgewicht der Tauschvorgänge ein statisches Bild der kapitalistischen Ökonomie ergebe, ermögliche Geld »die Theorie eines veränderlichen Gleichgewichts«.[16] Wie auch immer es um das von der Theorie versprochene langfristige Gleichgewicht bestellt ist, kurzfristig kann es bei einem Konjunktureinbruch durchaus klug sein, Geld zu »halten« und abzuwarten, wie sich die Zinssätze und damit die Anleihe- und Aktienkurse entwickeln. Dementsprechend kann auch ein sinkender Zinssatz zur Folge haben, dass die Ersparnisse wachsen und die Investitionen zurückgehen. Eine solche Situation – und mit dieser Einsicht wich Keynes erneut von der

16 Ebd., S. 245, Hervorhebung im Original.

Orthodoxie ab – schränkt die Anwendbarkeit der Quantitätstheorie deutlich ein; nur wenn sämtliche Ersparnisse investiert werden, sodass das gesamte Einkommen entweder für den Verbrauch oder für die Produktion ausgegeben wird, ist es überhaupt denkbar, dass die Geldmenge das allgemeine Preisniveau bestimmt.

Geld wird mit dem Ziel in die Produktion investiert, mehr Geld zu verdienen, also die laut Keynes von der »Grenzleistungsfähigkeit des Kapitals« bestimmte Rendite (»Profit« im Sprachgebrauch der klassischen Ökonomen) auf Kapitalgüter einzustreichen, die zu einem gegebenen Preis gekauft werden. Keynes glaubte, dass diese Grenzleistungsfähigkeit mit der Zeit fallen müsse, da der Kapitalstock der Gesellschaft stärker wachse, als es der Bedarf rechtfertige.[17] Um seine Schlussfolgerung zu vereinfachen: Der Investitionsanreiz wird schwächer, obwohl aufgrund der nachlassenden Konsumneigung eigentlich mehr Investitionen, also mehr Käufe von Kapitalgütern, nötig wären, wenn die Beschäftigung nicht schrumpfen soll. Deshalb sei es »durchaus möglich, dass sich die Gesamtwirtschaft auch [...] unterhalb des Vollbeschäftigungsniveaus in einem stabilen Gleichgewicht befindet« – also in einer anhaltenden Phase der Depression oder Stagnation.[18]

Vom obersten Dogma der Wirtschaftswissenschaft wich Keynes allerdings nicht ab: »Um noch einmal das Offensichtliche festzuhalten: Allein Konsum ist Ziel und Zweck aller wirtschaftlichen Tätigkeit.« Dies sei der letztendliche Grund dafür, dass »Beschäftigungsgelegenheiten [...] zwangsläufig

17 »Werden in einem beliebigen Zeitraum die Investitionen in eine beliebige Art von Kapital erhöht, nimmt dessen Grenzleistungsfähigkeit in dem Maße ab, in dem die Investitionen zunehmen. Dies liegt teils am Rückgang des voraussichtlichen Ertrags bei zunehmendem Angebot an dieser Kapitalart und teils am höheren Angebotspreis, da dieser in der Regel bei höherer Auslastung der Anlagen zur Produktion dieser Ausrüstungsgüter steigt. Der zweite dieser Faktoren ist üblicherweise wichtiger für die Herstellung eines kurzfristigen Gleichgewichts, aber je länger die Investitionszeiträume sind, umso stärker kommt der erste Faktor zum Tragen.« Denn »der einzige Grund, warum ein Vermögenswert die Aussicht bietet, während seiner Lebensdauer Dienste zu erbringen, deren Wert über seinem ursprünglichen Angebotspreis liegt, ist seine *Knappheit*.« (Ebd., S. 122, 181, Hervorhebung im Original)

18 Ebd., S. 39.

durch die Höhe der Gesamtnachfrage begrenzt« sind.[19] Doch die »Realwirtschaft« und die Mechanik des Geldes stehen in Konflikt zueinander, wie am Phänomen der Liquiditätspräferenz deutlich wird. In den Worten der Wirtschaftshistorikerin Martha Campbell: Für Keynes »wird mit der Existenz von Geld und Finanzanlagen ein Auseinanderdriften von individuellen und gesellschaftlichen Interessen möglich«, die demnach in der »Realwirtschaft« noch zusammenfallen.[20] Die Marktdynamik kann diesen Konflikt nicht auflösen, und die Effekte der Geldmengensteuerung sind begrenzt. Die Große Depression resultierte nicht aus einer zu geringen Geldmenge, sondern aus einem scharfen Einbruch der Investitionen angesichts sinkender Nachfrage. Daraus folgte für Keynes, »dass die Aufgabe, das laufende Investitionsvolumen zu regeln, nicht einfach der privaten Hand überlassen werden kann«. Vielmehr hatte der Staat die Aufgabe, »die Konsumneigung anzuregen«, sei es direkt durch »Einkommensumverteilung« oder indirekt durch kreditfinanzierte Investitionen, die die Beschäftigung steigern: »Der Bau von Pyramiden, Erdbeben und selbst Kriege können dazu beitragen, den Wohlstand zu mehren«, auch wenn es »selbstredend vernünftiger« wäre, »Häuser und dergleichen zu bauen«.[21]

In Keynes' Augen bedeutete das allerdings nicht, dass man die Marktwirtschaft aufgeben sollte, um die Produktion und Verteilung von Gütern anders zu organisieren. Auch wenn »die Welt die Arbeitslosigkeit nicht mehr lange hinnehmen wird, die […] mit dem heutigen kapitalistischen Individualismus […] unausweichlich einhergehen muss«, erkannte er durchaus »wertvolle Aktivitäten, für deren volle Entfaltung das Motiv des Gelderwerbs wesentlich ist« und die ein vom Privateigentum bestimmtes Umfeld benötigen.[22] Die Antwort

19 Ebd., S. 99.

20 Martha Campbell: Marx and Keynes on Money, in: International Journal of Political Economy, 3/1997, S. 143–159, hier S. 79.

21 Keynes: Allgemeine Theorie, S. 266f., 117.

22 Ebd., S. 314, 309. Anm. d. Übers.: Das »vom Privateigentum bestimmte Umfeld« gehört eigentlich auch noch zu dem Keynes-Zitat, ist in der deutschen Neuübersetzung, mit der wir arbeiten, allerdings entfallen – was wohl ein Versehen ist.

bestand für Keynes in einem Modell, das später »gemischtes Wirtschaftssystem« getauft wurde: Mit dem alleinigen Ziel, den Gleichgewichtspunkt in Richtung Vollbeschäftigung zu verschieben, greift der Staat in eine Wirtschaft ein, die auf dem Privateigentum beruht, ohne dass er Unternehmen vergesellschaften oder auch nur in Konkurrenz zu ihnen treten würde. Während er die Quantitätstheorie des Geldes als abstraktes Prinzip akzeptierte, erklärte Keynes, seine Vorschläge drohten keine ungezügelte Inflation auszulösen, da das Zusammenwirken verschiedener wirtschaftlicher Faktoren durchaus komplex sei. In letzter Instanz, so sein Schluss, sei »die langfristige Preisstabilität bzw. -instabilität [...] davon abhängig, wie stark der Aufwärtstrend der Lohneinheit (oder genauer gesagt, der Kosteneinheit) relativ zur Wachstumsrate der Leistungsfähigkeit des Produktionssystems ist«.[23] Die Geldmenge muss sowohl Privatinvestitionen als auch eine staatliche Kreditaufnahme ermöglichen. Ihre Steuerung ist für Keynes aber zweitrangig gegenüber der Nachfragesteuerung durch höhere oder geringere Staatsausgaben.

Keynes' Schrift hatte immensen Einfluss auf die Wirtschaftstheorie und -politik. Zum einen stimmt es zwar, dass »Marx [...] durch seine Kritik an der klassischen Theorie die Kritik Keynes' an der neoklassischen Theorie« vorwegnahm, doch die meisten Ökonomen kannten sein Werk im Grunde gar nicht, weil sie ihn für einen bloßen Ableger der längst diskreditierten klassischen politischen Ökonomie hielten.[24] Wie Robert Skidelsky bemerkt: »Bis zu Keynes verfügte allein der Marxismus über eine Theorie der Arbeitslosigkeit. Keynes stieß somit nicht nur die existierende klassische Theorie [gemeint ist die neoklassische, P. M.], sondern auch die Politik des Kommunismus vom Sockel.«[25] Seine theoretischen

23 Ebd., S. 257.

24 Paul Mattick: Marx und Keynes. Die Grenzen des gemischten Wirtschaftssystems, übers. v. Reiner Diederich u. Klaus Hermann, Frankfurt am Main 1971, S. 29. Dieses Werk bleibt die grundlegende an Marx geschulte Kritik der keynesianischen Theorie und prägt zusammen mit »Economics, Politics and the Age of Inflation« (London 1978), verfasst vom selben Autor, große Teile des vorliegenden Buchs.

25 Robert Skidelsky: Money and Government. The Past and Future of Economics, New Haven 2018, S. 130.

Innovationen schienen ein geradezu brillanter Durchbruch zu sein, mit dem er von einer Orthodoxie abrückte, die auf die kapitalistische Wirtschaft des 20. Jahrhunderts keine zufriedenstellenden Antworten zu geben wusste. Wie Herbert Stein feststellte, »erfüllte die ›Allgemeine Theorie‹ das Bedürfnis nach einer befriedigenden Erklärung des Gesamtniveaus von Produktion und Beschäftigung«, und zwar in Begriffen, die dem damaligen Wirtschaftsdenken nicht grundsätzlich fremd waren.[26] Zum anderen bot Keynes' Arbeit eine Theorie, die die angesichts der Großen Depression bereits ergriffenen staatlichen Maßnahmen rechtfertigte und zugleich erklärte, warum sie nicht ausgereicht hatten, um den Abschwung zu beenden: »Der einzige Fehler des New Deal waren seine zu niedrigen Staatsausgaben.«[27] Mit der vom Krieg bedingten Vollbeschäftigung in den Vereinigten Staaten war der Richtungswechsel eine besiegelte Sache. Insofern stand der Keynesianismus zwar für eine liberale Ablehnung des staatlich gelenkten Systems, das nach dem Ersten Weltkrieg als scheinbare Alternative zum Kapitalismus entstand, rechtfertigte aber die zunehmenden Staatseingriffe in die Wirtschaft, die in den 1930er-Jahren offenbar ein zentrales Merkmal des Kapitalismus geworden waren, und das gesellschaftliche Gewicht des wachsenden Heeres von Ökonomen, die über ihr theoretisches Wirken hinaus nun auch praktisch an der Steuerung der Wirtschaft teilnahmen.

Die amerikanisierte keynesianische Theorie – und mit dem Aufstieg der USA zur ökonomischen und militärischen Supermacht wurde die amerikanische Wirtschaftswissenschaft nach 1945 ebenso dominant wie der amerikanische Film – nahm von Keynes' Attacken auf die Spekulation weitgehend Abstand, behielt seine Rechtfertigung der ungleichen Reichtumsverteilung hingegen bei. Was in der akademischen Wirtschaftswissenschaft als »neoklassische Synthese« bekannt wurde, war eine Verschmelzung von Keynes' Denken mit der walrasschen Theorie und lieferte mathematische Modelle, in die sich Daten

26 Stein: Fiscal Revolution, S. 163.

27 Ebd., S. 167.

zur Vorhersage und Erklärung wirtschaftlicher Entwicklungen einfügen ließen.[28] Die Zunahme statistischer Daten ergab sich auf natürlichem Wege aus der Herausbildung massiver staatlicher Verwaltungsapparate, die den Anspruch erhoben, auf wissenschaftlicher Grundlage die Preise und die Beschäftigung stabilisieren und den Konjunkturzyklus steuern zu können. Doch so wie richtige Vorhersagen in der Praxis schwieriger waren als in der Theorie, bot der statistisch ermittelte Gang der wirtschaftlichen Ereignisse schwerlich eine Bestätigung der keynesianischen Theorie:

> »Man hätte meinen können, eine expansive Fiskalpolitik würde tatsächlich bewirken, dass die Wirtschaft gleichzeitig oder mit einer gewissen Verzögerung signifikant expandiert. In Wirklichkeit existiert eine solche Gesetzmäßigkeit nicht. [...] Natürlich gibt es Fälle, die die gewöhnlichen Erwartungen bestätigen. [...] Auf Eisenhowers Bemühen um einen Haushaltsüberschuss in den Jahren 1959/60 folgte tatsächlich eine Drosselung der Konjunktur. Nach der Steuersenkung von 1964 kam es zu einem starken Wirtschaftswachstum. [...] Generell jedoch zeigt ein systematischer Vergleich der Entwicklung des Haushalts und der Wirtschaftsleistung im selben oder darauffolgenden Zeitraum keinen systematischen Zusammenhang – nicht einmal, was die Richtung betrifft.«[29]

Als in den 1970er-Jahren das Goldene Zeitalter zu Ende ging und erneut eine schwere Rezession einsetzte, verlor der Keynesianismus seinen Glanz. Dazu trug insbesondere bei, dass Keynes eine Inflation durch Lohnsteigerungen, die nicht durch ein entsprechendes Wachstum der Arbeitsproduktivität gedeckt sind, zwar für denkbar, aber unwahrscheinlich gehalten hatte, und genau dieser Zusammenhang galt nun als

28 Der mathematisierten neoklassischen Lehre gelang in der Dekade der Depression der Durchbruch zur akademischen Respektabilität, in der Nachkriegsära wurde sie in Fachzeitschriften sogar dominierend. Siehe Philip Mirowski: The When, the How and the Why of Mathematical Expression in the History of Economic Analysis, in: Journal of Economic Perspectives, 1/1991, S. 145–157, hier S. 151 und *passim*.

29 Stein: Fiscal Revolution, S. 464f.

ein beunruhigendes Problem. 1958 wies der Ökonom Alban W. Phillips eine negative statistische Korrelation zwischen Arbeitslosenquote und Lohnsteigerungen nach, was dafür sprach, dass Volkswirtschaften die Wahl zwischen Arbeitslosigkeit und Preisstabilität haben, da Löhne als Grundkosten eng mit den Preisen korreliert sind.[30] Im Lauf der 1960er- und 1970er-Jahre erreichte die Inflation jedoch nicht nur Höhen, die Unternehmen und Regierungen unerfreulich fanden, sondern ließ eine »Verschiebung in der Phillips-Kurve« es auch zu, dass steigende Arbeitslosigkeit und steigende Löhne gleichzeitig auftraten, was den britischen Finanzminister Iain Macleod zu der Wortschöpfung »Stagflation« veranlasste. Die schuldenfinanzierten Staatsausgaben, die die Gesamtnachfrage stärkten und die Preise steigen ließen, lösten das Problem der Arbeitslosigkeit offenbar nicht. Wie Skidelsky, der sich als Autor viele Jahre mit Keynes befasst hat, einmal klagte: »Keynes hatte nur teilweise recht, und auch das nur für dreißig Jahre.«[31]

Was also, wenn der vorkeynesianische neoklassische Ansatz letztlich doch richtig war? Österreichische Ökonomen, die an der ursprünglichen neoklassischen Vision festhielten, hatten das während des gesamten Aufstiegs der keynesianischen Theorie behauptet; nun wurde diese Position von einem Amerikaner namens Milton Friedman unter dem Namen »Monetarismus« popularisiert. Brachte sich der Kapitalismus bei einer »natürlichen« Arbeitslosenquote vielleicht doch von selbst ins Gleichgewicht, sodass jeder Versuch, die Arbeitslosigkeit unter diese Quote zu drücken, nur zu Inflation führen musste und so das System zusätzlich destabilisierte?[32] Das Problem, so legte diese Diagnose nahe, bestand darin, dass die Regierungen Geld

30 Alban W. Phillips: The Relationship Between Unemployment and the Rate of Change of Money Wages in the United Kingdom, 1861–1957, in: Economica, 11/1958, S. 283–299.

31 Skidelsky: Money and Government, S. 137.

32 Ähnlich wie David Hume die unmittelbaren und die langfristigen Folgen von Inflation gegeneinander stellte, bemerkte Thomas Mayer in einem Kommentar zur monetaristischen Interpretation der Phillips-Kurve: »Wenn sich Arbeitslosigkeit und Inflation nur für sehr kurze Zeit gegenläufig zueinander entwickeln, wäre ein solcher Eingriff [Staatsausgaben zur Steigerung der Beschäftigung] kaum hilfreich.« (Thomas Mayer (Hrsg.): The Structure of Monetarism, New York 1978, S. 36)

für den eigenen Gebrauch schöpften, um damit die Nachfrage zu stärken. Mit anderen Worten: Friedman drängte auf eine Rückkehr zur Quantitätstheorie des Geldes. »*Bedeutsame Inflation*«, schrieb er, »*ist ein monetäres Phänomen und entsteht nahezu immer dadurch, dass die Geldmenge schneller wächst als der Output.*«[33] Sein monetaristischer Mitstreiter Harry Johnson erklärte, die gegen keynesianische Rezepte gerichtete »moderne Quantitätstheorie« unterscheide sich von der früheren neoklassischen Version durch »die Annahme, dass Störungen in erster Linie nicht durch unausgewogenes Verhalten des Privatsektors – sei es bei den Ausgaben oder bei der Geldnachfrage – verursacht werden, sondern durch die unausgewogene Politik der Währungsbehörden«.[34] Derweil klagte Friedman, die Große Depression, die er lieber als »Große Kontraktion« bezeichnete, hätte zur Folge gehabt, »die lange Zeit vorherrschende Überzeugung zu erschüttern, dass monetäre Kräfte bedeutsame Elemente im Konjunkturverlauf sind und Geldpolitik ein wirksames Instrument zur Förderung der wirtschaftlichen Stabilität darstellt«.[35] Anstatt zu versuchen, die Wirtschaft durch fiskalpolitische Manöver zu steuern – die langfristig ohnehin nicht funktionieren –, solle der Staat anerkennen, dass »der Privatsektor sich selbst zu helfen weiß, wenn man ihn in Ruhe lässt«, und sich darauf beschränken sicherzustellen, dass die Zunahme der Geldmenge auf das Wirtschaftswachstum abgestimmt ist.[36] Nach dem Ende von Bretton

33 Milton Friedman: Japan and Inflation, in: Newsweek, 4.9.1978, S. 75, Hervorhebung im Original.

34 Harry G. Johnson: Comment on Mayer on Monetarism, in: Mayer (Hrsg.), Structure of Monetarism, S. 131.

35 Milton Friedman/Anna Jacobsen Schwartz: A Monetary History of the United States, 1867–1960, Princeton 1963, S. 300.

36 Johnson: Comment on Mayer on Monetarism, S. 131. In Friedmans Worten: »Die bisherige Stabilität in den Vereinigten Staaten [...] spricht sehr für die Ansicht, dass unsere Privatwirtschaft – sofern ein stabiler monetärer Rahmen besteht – sich an andere Veränderungen hinreichend anpassen kann, um kurz- wie langfristig ein hohes Maß an wirtschaftlicher Stabilität zu erreichen. [...] Es gilt zu verhindern, dass monetäre Veränderungen zu einer destabilisierenden Kraft werden [...], indem man den Währungsbehörden die Aufgabe überträgt, die Geldmenge Monat für Monat mit einer regelmäßigen und stetigen Rate wachsen zu lassen.« (Friedman: Monetary Theory and Policy. Statement before the Joint Economic Committee, 86th Congress, 1st Session, 25.–28.5.1959, in: Robert J. Ball/Peter Doyle (Hrsg.): Inflation. Selected Readings, Harmondsworth 1969, S. 144f)

Woods benötigte der Dollar, dessen umlaufende Menge in der Praxis durch keinerlei Beziehung zum Gold mehr gezügelt wurde, ein anderes Prinzip zur Beschränkung seiner Quantität. Der Monetarismus behauptete, über dieses Prinzip zu verfügen, und Fed-Chef Paul Volcker setzte es 1979 in die Praxis um.

Alarmiert von den immer stärkeren Preissteigerungen gab Volcker die bisherigen Bemühungen der Fed auf, vermittels Leitzinsanpassungen zwischen Inflation und Arbeitslosigkeit hindurch zu steuern, und versuchte stattdessen, das Wachstum der Geldmenge konstant zu halten. Das entsprach dem Gedanken Friedmans, dass »die Effekte der Geldpolitik sich stärker als gemeinhin angenommen durch *die direkten Auswirkungen, die Veränderungen in der Geldmenge auf die Ausgaben haben*, und weniger durch indirekte Auswirkungen auf die Zinssätze geltend machen«.[37] Ein grundlegender Lehrsatz Friedmans besagte, indem man die Quantität einer zentralen Art von Geld, von ihm *high-powered money* genannt, reguliere, könne man die Geldmenge insgesamt steuern. Auch als monetäre Basis bekannt, handelt es sich dabei um das von der Zentralbank ausgegebene Geld: um die durch die Wirtschaft zirkulierende Währung sowie die Bestände, die die Geschäftsbanken in ihren Einrichtungen (etwa Geldautomaten) sowie bei den regionalen Zweigen der Federal Reserve halten. Da die Fed die Geldmenge durch Festlegung des Zinssatzes, den sie für Reserven verlangt, ausweitet oder verringert, versuchte sie unter Volcker durch die Steuerung der Geldmenge M1 – Bargeld plus Sichteinlagen – das Wachstum des *high-powered money* konstant zu halten. (Die Geldmenge M2 umfasst außerdem Sparkonten, bei M3 und M4 kommen noch weniger liquide Formen von Geld und »Beinahe-Geld« wie etwa Einlagenzertifikate hinzu.)

Geld und Regierung

Die Federal Reserve speist Geld in die Wirtschaft ein, wenn sie Staatsanleihen und andere Wertpapiere im Rahmen sogenannter Offenmarktgeschäfte kauft, und zieht Geld aus

37 Milton Friedman: The Demand for Money. Some Theoretical and Empirical Results, in: Journal of Economic Policy, 4/1959, S. 327–351, hier S. 351.

dem System ab, wenn sie sie verkauft. Sie bezahlt dafür mit Federal Reserve Notes – im Jargon des Rechnungswesens »Verbindlichkeiten«, durch Sicherheiten der Fed gedeckte Schuldscheine, die jederzeit verkauft werden können. Diese Banknoten – Staatsschulden – zirkulieren in der Wirtschaft als Währung. Darüber hinaus können sich Banken am »Diskontschalter« Dollar von der Fed leihen, um die gesetzlich vorgeschriebenen Reserven aufrechtzuerhalten, mit denen sie ihre Kredite an Unternehmen, Privatpersonen und sogar Regierungen »absichern«. Durch die Festlegung der den Banken berechneten Zinssätze (den »Diskontsatz«) und den Umfang ihrer Offenmarktgeschäfte beeinflusst die Fed die Geldmenge im System.

Die Tatsache, dass heute sämtliches Geld von Banken und anderen Finanzinstituten produziert wird, zeigt, in welchem Ausmaß das für eine funktionierende kapitalistische Wirtschaft unverzichtbare Bankenwesen eine staatliche Funktion übernommen hat. Formell anerkannt wird dies, indem private Banken der Regulierung durch staatliche oder quasi-staatliche Zentralbanken unterstellt werden und der Staat unter anderem Bankeinlagen absichert. Auch wenn der heutige Dollar eine von der Fed ausgegebene Banknote ist, besteht seine Deckung in »*the full faith and credit*« der US-Regierung, wie es so schön heißt. Die heutigen Zentralbanken sind Nachfahren der Bank of England, die als Erste den Bankkredit mit der Währung des Staates verschmolz. Auch wenn mir hier als Beispiel der US-Dollar, die Weltreservewährung, dient, gilt derselbe Mechanismus auch für den Euro, den Yen und alle anderen nationalen Währungen. Die Rolle der Zentralbanken bei der Regulierung der Geldmenge ist somit ein Aspekt der wachsenden Rolle, die der Staat bei der Steuerung der Wirtschaft spielt.

Unter diesen Umständen konnte selbst ein Anti-Etatist wie Friedman kaum den Rückzug des Staates aus der ökonomischen Regulierung fordern. Was er in einer gewagten Rückkehr zur Quantitätstheorie aber tatsächlich behauptete, war, dass »die Geldpolitik das Geld davor bewahren kann, selbst zu einer starken Quelle wirtschaftlicher Störungen zu werden«.[38] Die Zentralbanken sollten als unbesungene Helden des wirtschaftlichen Fortschritts die Geldmenge auf die Bedürfnisse der Wirtschaft abstimmen und sich darüber hinaus nicht einmischen. Volckers Versuch, diese Idee in die Praxis umzusetzen, bewirkte dann tatsächlich einen Rückgang der Inflation, davon abgesehen aber lief nichts so, wie Friedman behauptet hatte. Zum einen erwies sich die Geldmenge als schwer steuerbar – je nach dem Bedarf von Unternehmern und Bankern schwoll sie an und schrumpfte dann wieder. Wie Geoffrey Ingham zusammenfasst, kam es insbesondere nach der von den Regierungen Reagan und Thatcher vorangetriebenen Deregulierung des Finanzsektors in den 1980er-Jahren zu einer

> »Vermehrung von Kreditinstrumenten, die durch die [Deregulierungs-]Maßnahmen fungibler wurden und sich leichter in Bargeld umwandeln ließen. So wurde zum Beispiel sowohl in den USA als auch in Großbritannien die strikte Trennung zwischen Einlagen- oder Sparkonten und Girokonten aufgehoben, was zu einer Vergrößerung der Geldmenge führte. […] Die [monetaristische] Politik erwies sich als zunehmend unwirksam. In den frühen 1990er-Jahren schließlich, als die Kreditgeldmenge weiterhin mit Jahresraten von mehr als 25 Prozent wuchs, die Inflation aber deutlich zurückging, wurden die Grundlagen der Quantitätstheorie infrage gestellt.«[39]

Reale Folgen hatte die neue Geldpolitik dagegen in einem steilen Anstieg der Zinssätze, den die Fed mit ihrem Versuch auslöste, das Wachstum der Geldmenge zu drosseln. Von inflationstreibenden Staatseingriffen befreit, fand die Wirtschaft keineswegs von selbst zu einem Gleichgewicht, sondern stürzte in eine tiefe Rezession ab. 1982 meldeten 66 000 amerikanische Unternehmen Konkurs an, so viele wie seit dem Zeitraum von 1929 bis 1932 nicht mehr, und 24 900 gaben den Betrieb auf –

38 Milton Friedman: The Role of Monetary Policy, in: American Economic Review, 1/1968, S. 1–17, hier S. 12.

39 Ingham: Nature of Money, S. 30.

der schlimmste Wert seit 1933. Zwanzig Millionen Menschen waren arbeitslos, unterbeschäftigt oder hatten die Suche nach einem Job aufgegeben.[40] Schließlich wurde auch das Finanzsystem schwer getroffen, mehrere Großbanken kollabierten.

Die Rezession beschränkte sich auch nicht auf die Vereinigten Staaten. Mit dem Versprechen der Regierung Thatcher, die Inflation durch Haushaltsdisziplin und eine Verringerung der Geldmenge zu bekämpfen, hatte Großbritannien seine eigene Version des Monetarismus eingeführt. Wie in den USA ging die Inflation auch hier nur um den Preis von hoher Arbeitslosigkeit und Unternehmenspleiten zurück. Unterdessen fielen die Auswirkungen des amerikanischen Experiments auf sogenannte unterentwickelte Länder, die vor allem in Dollar umfangreiche Auslandsschulden hatten, verheerend aus. Mexiko stand 1982 vor dem Staatsbankrott, und ein Zahlungsausfall hätte für die amerikanischen Banken, bei denen es Kredite aufgenommen hatte, apokalyptische Folgen gehabt. So sahen sich das Finanzministerium und andere Regierungsstellen der USA gezwungen, das Land mit Milliarden von Dollar zu retten. Binnen eines Jahres wiederholte sich diese Geschichte mit 14 anderen armen Ländern. Im Zuge dieser Ereignisse wurde der Monetarismus als Grundlage der Währungspolitik aufgegeben und stattdessen zu flexiblen Zielmarken beim Geldmengenwachstum und einer offenen Steuerung der Leitzinsen zurückgekehrt. In den folgenden Dekaden, die Währungspolitiker gern die Ära der »Großen Mäßigung« nannten, wurden die Geldmenge sogar stark erweitert und die Zinssätze auf historischen Tiefstständen gehalten.

Überraschend ist nicht das Scheitern des Monetarismus, sondern wie stark der Glaube an ihn ist.[41] Seit ihrer Formulierung im 18. Jahrhundert ist die Quantitätstheorie des Gel-

40 William Greider: Secrets of the Temple. How the Federal Reserve Runs the Country, New York 1989, S. 454f.

41 In den schönen Worten des britischen Ökonomen Nicholas Kaldor: »Die große Renaissance des ›Monetarismus‹ in den 1970er-Jahren, die ihren Höhepunkt an der Schwelle zur nächsten Dekade fand, als eine Reihe von westlichen Regierungen sich seine strikten Vorschriften zu eigen machte […], wird meines Erachtens ohne Zweifel als eine der kuriosesten Episoden in die Geschichte eingehen, vergleichbar nur den periodischen Ausbrüchen von Massenhysterie im Mittelalter,

des Gegenstand stringenter Kritik gewesen. Die vertrackten Wechselbeziehungen zwischen dem Geld und anderen wirtschaftlichen Phänomenen standen ihrer bequemen Schlichtheit schon immer entgegen, und dies umso mehr, als mit dem Aufkommen der modernen Statistik solide empirische Untersuchungen möglich wurden. Während es für Jean Bodin im 16. Jahrhundert auf der Hand lag, dass die damalige Preisentwicklung mit dem Zufluss von amerikanischem Gold nach Europa in Zusammenhang stand, zeigten sich die meisten Wirtschaftshistoriker des 20. Jahrhunderts von der Erklärungskraft der Quantitätstheorie wenig beeindruckt, da ihnen nun Studien vorlagen, die auf sorgfältig zusammengestellten Datensätzen basierten.[42] Bereits Mitte des 19. Jahrhunderts wandte sich Tooke aufgrund seiner Forschungen zur Geschichte der Preise vom Bullionismus ab. David Wells' Buch von 1890, das vor allem die Ursachen der damals als Große Depression bezeichneten anhaltenden Krise aufklären sollte, lieferte Belege für ein Wachstum sowohl des Goldangebots als auch der Kreditinstrumente, sodass der weltweite Preisverfall nach seiner Auffassung auf »die starke Vermehrung und Verbilligung von Waren durch neue Produktions- und Distributionsverfahren« zurückzuführen war.[43] Wenige Jahre später legte der Ökonom Wesley Mitchell eine sorgfältige Untersuchung der Greenback-Ära in den USA vor, die ebenfalls für die Unhaltbarkeit der Quantitätstheorie sprach.[44]

wie etwa die Hexenjagden sie darstellten.« (Nicholas Kaldor: How Monetarism Failed, in: Challenge, 2/1985, S. 4–13, hier S. 4)

42 Stellvertretend dafür sei das ausgewogene Resümee eines zeitgenössischen Spezialisten zitiert: »Die inflationären Folgen einer Vergrößerung der Geldmenge sind historisch unbestimmt, wenngleich der Preisanstieg gewöhnlich [...] hinter ihr zurückblieb. Ausnahmen bildeten gravierende Münzverschlechterungen, die eine regelrechte ›Flucht aus dem Metallgeld‹ hervorriefen, das nun gegen dauerhafte Güter eingetauscht wurde.« (John Munro: Rezension von »American Treasure and the Price Revolution in Spain, 1501–1650«, unter https://eh.net, 2007)

43 David A. Wells: Recent Economic Changes and Their Effect on the Production and Distribution of Wealth and the Well-Being of Society, New York 1890, S. 205 – ein bis heute faszinierendes Buch.

44 Wesley C. Mitchell: The Quantity Theory of the Value of Money, in: Journal of Political Economy, 2/1896, S. 139–165. Mitchell überprüfte die Theorie sowohl theoretisch wie empirisch und gelangte zu dem Ergebnis, dass sie »aus beiden Perspektiven betrachtet mangelhaft scheint« (S. 165). In seiner Dissertation über die Greenbacks und dann im Zuge seiner lebenslangen Beschäftigung mit dem Kon-

Marx verband in seiner vernichtenden Kritik der Theorie, wie die klassische politische Ökonomie sie vertreten hatte, das damals verfügbare statistische Material mit einer eingehenden logischen Analyse der Argumente. So kam er zu dem Befund, Humes Version fuße sowohl auf ungenügenden historischen Kenntnissen als auch auf verworrenem Denken, womit er insbesondere die Implikation meinte, dass »Gold und Silber keinen immanenten Wert« besäßen und daher »keine wirklichen Waren« seien, denn besäßen sie einen, dann könnte anders als von der Quantitätstheorie behauptet »nur eine bestimmte Quantität Gold und Silber als Äquivalent für eine gegebene Wertsumme von Waren zirkulieren«.[45] Hume ging in Marx' Augen in die Irre, weil sein Anliegen vor allem darin bestanden habe, sich vom Merkantilismus abzugrenzen; ähnlich attestierte er Ricardos Version der Theorie und der bullionistischen Position der frühen 1800er-Jahre, sie seien von der »Geschichte des Papiergelds im 18. Jahrhundert« geprägt, insbesondere vom Zusammenbruch von John Laws Bank, der Abwertung des Fiatgeldes in den britischen Kolonien in Nordamerika vor und während der Revolution sowie von den französischen Assignaten. »Die meisten englischen Schriftsteller der damaligen Zeit«, so Marx, »verwechseln die Banknotenzirkulation, die nach ganz andern Gesetzen bestimmt wird, mit der Zirkulation von Wertzeichen oder von Staatspapieren mit Zwangskurs« – also von Fiatgeld, das Marx zufolge unter bestimmten Bedingungen Phänomene aufweisen konnte, die mit der Quantitätstheorie übereinstimmten – »und, während sie die Phänomene dieser Zwangszirkulation aus den Gesetzen der metallischen Zirkulation zu erklären vorgeben, abstrahieren sie in der Tat umgekehrt die Gesetze der letztern aus den Phänomenen der erstern.«[46]

junkturzyklus kam er wiederholt auf das Thema zurück. Einen Blick auf sein Werk im Kontext der Kontroverse, die sich um die Jahrhundertwende an der Quantitätstheorie entzündete, wirft Abraham Hirsch: Wesley Clair Mitchell, J. Lawrence Laughlin, and the Quantity Theory of Money, in: Journal of Political Economy, 6/1967, S. 822–843.

45 Karl Marx: Zur Kritik der politischen Ökonomie, in: MEW, Bd. 13, S. 138f.

46 Ebd., S. 143f.

Auch die Argumentation Ricardos, den er als Ökonomen dennoch sehr schätzte, schien Marx durch Statistiken über Geld und Preise widerlegt und letztlich trügerisch: Sein Beweis dafür, dass die Warenpreise von der Menge des umlaufenden Goldes abhingen, setzte voraus, dass »jede Quantität des edeln Metalls, das als Geld dient, in welchem Verhältnis immer zu seinem innern Wert, Zirkulationsmittel [...] werden muss«. Mit anderen Worten: »der Beweis besteht in der Abstraktion von allen andern Funktionen, die das Geld außer seiner Funktion als Zirkulationsmittel« vollzieht, eine Auffassung, die bereits Sir James Steuart (unter Zustimmung von Adam Smith) zerpflückt hatte.[47] Die Forschungen Tookes dagegen, der »seine Prinzipien nicht aus irgendeiner Theorie [...], sondern aus gewissenhafter Analyse der Geschichte der Warenpreise von 1793 bis 1856« herleitete, zeigten empirisch, dass »jener direkte Zusammenhang zwischen Preisen und Quantität der Umlaufmittel, wie ihn die Theorie voraussetzt, ein bloßes Hirngespinst ist«.[48]

Die »Illusion«, so Marx in seiner Untersuchung der Tauschgleichung, dass

> »die Warenpreise durch die Masse der Zirkulationsmittel und letztre ihrerseits durch die Masse des in einem Lande befindlichen Geldmaterials bestimmt werden, wurzelt bei ihren ursprünglichen Vertretern in der abgeschmackten Hypothese, dass Waren ohne Preis und Geld ohne Wert in den Zirkulationsprozess eingehn, wo sich dann ein aliquoter Teil des Warenbreis mit einem aliquoten Teil des Metallbergs austausche.«[49]

---

47 Ebd., S. 148. Welche Rolle Marx' Widerlegung der Quantitätstheorie für die Ausarbeitung seiner eigenen Geldtheorie spielte, wird glänzend erörtert von Martha Campbell: Marx's Explanation of Money's Functions. Overturning the Quantity Theory, in: Fred Moseley (Hrsg.): Marx's Theory of Money. Modern Appraisals, London, 2005, S. 143–159.

48 Marx: Zur Kritik der politischen Ökonomie, MEW, Bd. 13, S. 159.

49 Marx: Kapital I, MEW, Bd. 23, S. 137f. Ricardos Anhänger James Mill zum Beispiel formulierte die Quantitätstheorie in genau diesen Begriffen. Moderne Quantitätstheoretiker weichen einer solchen Kritik aus, indem sie einen Mechanismus behaupten – meistens übermäßige Nachfrage aufgrund einer gewachsenen Geldmenge –, der letztere mit Inflation in Zusammenhang bringt.

Wie Marx bemerkt, werden Rechnungen meistens ohnehin erst beglichen, nachdem die gekauften Waren den Markt bereits verlassen haben; daher »decken sich […] nicht länger die während einer Periode, eines Tags z. B., umlaufende Geldmasse und zirkulierende Warenmasse«.[50] Entsprechend unhaltbar ist die Quantitätstheorie – ein Befund, den etwas milder auch Wesley Mitchell formulierte.

Von der Physik als wissenschaftlichem Vorbild borgte sich die neoklassische Theorie die Mathematik, nicht aber das von ihr entwickelte Verfahren, Erkenntnisse durch Experimente zu gewinnen. Deutlich wird dies an dem Bemühen, die Wesenszüge eines sich ständig ändernden Systems mit einer statischen Analyse zu erfassen. Wie der Wirtschaftswissenschaftler Oskar Morgenstern bemerkte, »werden noch so viele Beobachtungen einer modernen Volkswirtschaft auf das walrassche System keinen Einfluss haben, das unter Verwendung der für den gegebenen Fall nicht-adäquaten mathematischen Vorstellung der Maximierung von Nutzen und Gewinn nur einen hypothetischen Fall wirtschaftlicher Organisation beschreibt, die von der Wirklichkeit, sei sie nun grob oder fein beschrieben, weit entfernt ist«.[51] Irving Fisher zum Beispiel räumt bei der Erläuterung seiner Version der Quantitätstheorie ein, anders als Übergangsphasen zwischen verschiedenen Zuständen der Wirtschaft seien Phasen des Gleichgewichts in Wirklichkeit »die Ausnahme«, und nur für diese seltenen Fälle gelte, dass die Geldmenge das Preisniveau bestimmt.[52] Laut Friedman bezeichnet die »natürliche Arbeitslosenquote« – der monetaristische Ersatz für die Phillips-Kurve – jene Marke, die sich »aus dem walrasianischen Gleichgewichtssystem ergeben würde, vorausgesetzt, die aktuellen Strukturmerkmale der Arbeits- und Gütermärkte sind eingebaut, und zwar einschließlich Marktunvollkommenheiten, Zufallsvariabilität von Angebot und Nachfrage, Kosten der Informationsbeschaffung

50 Ebd., S. 153. Siehe Mitchell: Der Konjunkturzyklus, S. 121–131.

51 Oskar Morgenstern: Über die Genauigkeit wirtschaftlicher Beobachtungen, 2. bearb. und erw. Ausgabe, übers. v. E. Schlecht, Wien/Würzburg 1965, S. 96.

52 Siehe die Erörterung in Mitchell: Konjunkturzyklus, S. 128ff.

über freie Stellen, Arbeitsreserven, Mobilitätskosten und so weiter«.[53] Aber abgesehen davon, dass die allgemeinen Gleichgewichtsgleichungen aufgrund ihrer immensen Zahl nicht in reale Werte übersetzt werden können, existieren für die erwähnten »Strukturmerkmale« ebenso wenig Zahlen wie für die individuellen Präferenzen oder Bewertungen von Nützlichkeit, die für diese Gleichungen doch so zentral sind. Und während sowohl der Keynesianer Samuelson als auch der Monetarist Friedman der Theorie in ihrer walrasianischen Form trotz dieser Probleme eine direkte Erklärungskraft für die realen Ereignisse zuschreiben, sind die Beziehungen zwischen Geldmenge und Preisen bei solchen Anwendungen zeitlich und quantitativ derart vage, dass eine Überprüfung unmöglich ist. Wie ein gewissenhafter Kritiker des Monetarismus resümiert: »Mir ist kein Fall bekannt, in dem es jemandem gelungen wäre, eine Nachfragesteigerung [aufgrund ausgeweiteter Geldmenge] auf exakte, quantitative Weise mit einem Anstieg des Preisniveaus in Verbindung zu bringen.«[54]

Milton Friedman war sich des Problems der Überprüfbarkeit durchaus bewusst und nahm in seinem gemeinsam mit Anna J. Schwartz verfassten Opus magnum »A Monetary History of the United States« (1983) daher die historische Forschung in Dienst, um ein ausführliches Plädoyer für den Monetarismus vorzulegen. Das entscheidende Kapitel behandelt die »Große Kontraktion« und soll zeigen, dass die keynesianischen Auffassungen, die die monetären Erklärungen der Depression abgelöst haben, »keine gültigen Schussfolgerungen aus der Erfahrung sind«. Friedmans und Schwartz' eigener Rekurs auf die historischen Erfahrungen erschöpft sich jedoch in dem Nachweis, dass die Federal Reserve die Geldmenge nach 1931 nicht in dem Maß ausweitete, wie es möglich gewesen wäre, und der Spekulation, dass eine expansivere Geldpolitik unter Umständen zu einer Konjunkturerholung geführt hätte. Wie die beiden Autoren selbst schreiben: »Es hängt

53 Friedman: Role of Monetary Policy, S. 8.

54 W. David Slawson: The New Inflation. The Collapse of Free Markets, Princeton 1981, S. 16

alles davon ab, wie viel man als gegeben betrachtet.« Zu ihrem Befund, die Politik der Fed sei für die Schwere der Depression verantwortlich gewesen, gelangen sie, indem sie »nichtmonetäre Faktoren in den Vereinigten Staaten sowie monetäre und nichtmonetäre Faktoren in der übrigen Welt« erklärtermaßen aussparen.[55]

Seit einiger Zeit wird die Quantitätstheorie vor allem herangezogen, um die schuldenfinanzierten Staatsausgaben nach 1945 zur Ursache der Inflation zu erklären, doch einer empirischen Überprüfung hält dies kaum stand. Eine sorgfältige Untersuchung von öffentlichen Ausgaben und Preisentwicklung in den OECD-Ländern kommt zu dem Ergebnis,

> »dass die Vorstellung, Haushaltsdefizite verursachten Inflation – indem sie zu einer übermäßigen Geldvermehrung führen, die wiederum Preissteigerungen verursache –, nicht allgemein zutrifft. In manchen Ländern wie den Vereinigten Staaten und Japan bewirken Haushaltsdefizite keine dramatische Geldmengenausweitung, sodass die Erklärung für die Inflation entweder bei nichtfiskalischen Quellen der Geldvermehrung zu suchen ist (wie im Falle der Vereinigten Staaten) oder bei Ursachen jenseits von ihr (wie in Japan). In anderen Ländern wie zum Beispiel Westdeutschland, wo die Defizite offenbar tatsächlich zu einer Geldmengenausweitung führen, die jedoch nicht die Hauptursache für den Preisanstieg ist, muss die Inflation durch andere Faktoren erklärt werden, selbst wenn die Defizite monetarisiert werden. Auch wenn die monetaristische Hypothese in manchen Ländern eine partielle Bestätigung findet, ist es höchst unwahrscheinlich, dass die Inflation in der gesamten entwickelten kapitalistischen Welt – und insbesondere in den drei größten Volkswirtschaften (Vereinigte Staaten, Japan und Westdeutschland) – auf die staatlichen Haushaltsdefizite zurückgeführt werden kann.«[56]

55 Friedman/Schwartz: Monetary History, S. 300.

56 David R. Cameron: Does Government Cause Inflation?, in: Lindberg/Maier (Hrsg.): The Politics of Inflation, S. 278.

Weder die theoretische und empirische Schwäche der Quantitätstheorie noch die praktischen Misserfolge von Monetarismus wie Keynesianismus haben verhindert, dass beide Ansätze weiterhin prägend sind für die ökonomische Theorie und die Wirtschaftspolitik. Schließlich verschmolzen sie sogar in diversen Schulen, die seit den 1980er-Jahren die etablierte Fachdiskussion bestimmen. Wie Friedman, vielleicht milde gestimmt durch seinen Nobelpreis, in einer Neubetrachtung des Verhältnisses der beiden Ansätze zueinander bemerkte:

> »Keynes' Betonung der Erwartungen hat dazu beigetragen, dass Analysen, die sich in einer Vielzahl von wirtschaftlichen Zusammenhängen mit der Entstehung und Rolle von Erwartungen befassen, stark zugenommen haben. Umgekehrt hat die Renaissance der Quantitätstheorie keynesianische Ökonomen dazu veranlasst, bei der Analyse kurzfristiger Veränderungen die Entwicklung der Geldmenge als ein wesentliches Element zu berücksichtigen.«[57]

Im Zuge dieser theoretischen Annäherung hat sich, wie Ingham bemerkt, »die orthodoxe Geldpolitik immer mehr von der orthodoxen Geldtheorie gelöst«.[58] Unter dem Einfluss der Theorie der rationalen Erwartungen (ein Ableger des Friedmanismus) rückten stattdessen die »Erwartungen« wirtschaftlicher Akteure über die zukünftige Inflation und die geldpolitische Reaktion darauf ins Zentrum, die als bestimmender Faktor für die tatsächliche Inflationsentwicklung gelten. Dabei tauchen erneut altbekannte Probleme auf. In den Worten eines Fed-Präsidenten: »Die Theorie ist zwar überzeugend, aber die reale Welt spielt nicht immer mit.« So sind zum Beispiel Infla-

57 Milton Friedman: Quantity Theory of Money, in: John Eatwell u. a. (Hrsg.): The New Palgrave. A Dictionary of Economics, London 1987, Bd. IV. Sidney Weintraub hatte eine brutalere Antwort: »Wenn Arbeitslosigkeit die Antwort auf das Problem der Inflation ist, ist der Keynesianismus als Sozialphilosophie tot, buchstäblich beerdigt von Keynesianern – und das alles merkwürdigerweise im Namen ihres Mentors.« (Sidney Weintraub: The Keynesian Theory of Inflation. The Two Faces of Janus?, in: International Economic Review, 1/1960, S. 143–155, neuveröffentlicht in Ball/Doyle (Hrsg.): Inflation, S. 72)

58 Ingham: The Nature of Money, S. 31.

tionserwartungen »nicht direkt beobachtbar«, sondern müssen aus einer Reihe von Messgrößen abgeleitet werden, die die Einstellungen verschiedener Personengruppen erfassen sollen. Und in jedem Fall können die in solchen Studien verwendeten Gleichungen »nicht die Frage beantworten, ob eine hohe Inflation zu bestimmten Inflationserwartungen führt, oder ob Erwartungen einer hohen Inflation die Entscheidungen von Privathaushalten und Unternehmen so beeinflussen, dass die Inflation zunimmt, oder ob beides zugleich der Fall ist«. Dennoch »müssen die politisch Verantwortlichen auf der Grundlage der verfügbaren begrenzten Informationen ihre Entscheidungen treffen«.[59]

Doch auch wenn die politisch Verantwortlichen Politik machen müssen: Die keynesianische Theorie erwies sich als außerstande, einen Pfad zu permanenter Prosperität zu bieten, und der Monetarismus eröffnete dem Kapitalismus keinen Weg zur Wiederherstellung seines Gleichgewichts. Die eklektische Mischung der beiden Ansätze wiederum, die seit Mitte der 1980er-Jahre die Wirtschaftstheorie und -politik bestimmt hat, vermochte weder die Finanzkrise von 2008 zu verhindern noch das erneute gleichzeitige Auftreten von Stagnation und Inflation im Jahr 2021. Die Folge war ein theoretisches Wirrwarr, wobei die Tatsache, dass die Inflation trotz der massiven Geldmengenausweitung im Gefolge der »Großen Rezession« ab 2008 niedrig blieb, nun auch noch zu einer Renaissance des sogenannten Chartalismus führte: Unter dem Namen »Modern Monetary Theory« erhielt erneut die Doktrin Auftrieb, als ein Geschöpf des Staates könne Geld unbegrenzt hergestellt werden, um sozialen Zwecken zu dienen.[60] Staatsdefizite sind

59 Loretta J. Mester: The Role of Inflation Expectations in Monetary Policymaking. A Practitioner's Perspective, Vortrag auf dem EZB-Forum »Challenges for Central Bank Policy in a Rapidly Changing World« (Sintra, Portugal, 29.6.2022), unter www.ecb.europa.eu/pub/conferences/ecbforum/shared/pdf/2022/Mester_speech.pdf.

60 Wie der Begründer dieser Lehre, Georg F. Knapp, ausführte: »Der Staat ist es, der als Pfleger des Rechts […] erklärt, dass die Eigenschaft, Zahlungsmittel zu sein, an bestimmten gezeichneten Stücken [von Papier oder Metall] als solchen hafte, und nicht am Stoff der Stücke.« (Georg F. Knapp: Staatliche Theorie des Geldes [1905], 4. Aufl., München/Leipzig 1923, S. 32) Schumpeters kurzer Kommentar zu Knapp kann als ausreichend und abschließend gelten: »Seine Theorie war einfach eine Theorie des ›Wesens‹ des als gesetzlich gültiges Zahlungsmittel betrachteten

demnach harmlos, denn wie eine prominente zeitgenössische Vertreterin dieser Schule erklärt: »Mit einer Fiatwährung kann Uncle Sam unmöglich das Geld ausgehen« – man kann so viel davon drucken, wie nötig ist, um Vollbeschäftigung herzustellen. Erst wenn diese erreicht ist, »sind *alle* zusätzlichen Ausgaben (nicht nur Staatsausgaben) inflationär«.[61] So plötzlich die »Modern Monetary Theory« Prominenz erlangt hatte, so plötzlich verschwand sie wieder von der Bildfläche, als die hohen Inflationsraten zurückkehrten.

Die Ökonomen sind nicht nur außerstande, den realen Gang der Ereignisse zu steuern, sie behaupten auch schon gar nicht mehr, dass sie auf dem Feld von Analyse und Prognostik mehr anzubieten hätten als reine Vermutungen; die Währungsinstitutionen folgen den Rezepten, die sie nun einmal im Repertoire haben, ohne dass sie für ihre Wirksamkeit nennenswerte Gründe ins Feld führen könnten. Um die fortlaufende Geschichte der Ökonomie angemessen zu verstehen, sind eindeutig andere Begriffe nötig als die, die den einschlägigen Interpretationen und politischen Vorgaben ihren Stempel aufprägen.

Geldes. In diesem Sinne verstanden, war sie ebenso richtig und ebenso falsch wie z. B. die Aussage, dass die Institution der Ehe eine Schöpfung des Gesetzes ist.« (Joseph Schumpeter: Geschichte der ökonomischen Analyse, Bd. 2, S. 1324)

61 Stephanie Kelton: Der Defizit-Mythos. Die Modern Monetary Theory und die Gestaltung einer besseren Wirtschaft, übers. v. Elborg Nopp, Berlin 2021, S. 55, 61.

4 — Modernes Geld

Das Versagen der ökonomischen Theorie überrascht nicht, wenn wir uns vergegenwärtigen, wie eklatant einige ihrer Kernannahmen den Realitäten des Wirtschaftslebens widersprechen. Nicht nur feiert sie eine zweifelhafte Freiheit der Individuen, von denen sich die meisten einem Arbeitgeber unterordnen müssen, um zu überleben, auch hätte das wiederkehrende Muster von Boom und Krise, das heute als Konjunkturzyklus bekannt ist, bereits im frühen 19. Jahrhundert Zweifel an der Existenz einer Gleichgewichtstendenz wecken müssen. Die Geschichte des Kapitalismus ist eine des ständigen Wandels auf verschiedenen Ebenen und geprägt vom Wechsel zwischen Auf- und Abschwungphasen. Je nachdem, wie man die Phasen datiert (worüber sich die Statistikbehörden uneinig sind), befand sich der Kapitalismus von den frühen 1800er- bis in die 1930er-Jahre ein Drittel oder die Hälfte der Zeit in Depressionen, die rund alle zehn Jahre auftraten.[1] Sie wurden mit der Zeit tiefer, dauerten länger an und vereinheitlichten sich international stärker; ihren Gipfelpunkt bildete die Weltwirtschaftskrise, die 1929 begann und erst in den 1940er-Jahren endete. Wie wir gesehen haben, bestand danach eine Weile der Glaube, mit haushalts- und währungspolitischen Maßnahmen könne man den Konjunkturzyklus zähmen, doch 1973 brach erneut eine Phase wirtschaftlicher Turbulenzen an, die wiederum in der Großen Rezession von 2008 und der inzwischen seit Jahren anhaltenden Rückkehr der Stagflation ihren Höhepunkt gefunden hat. Entgegen der Rede von »Schocks«, mit denen die moderne Wirtschaftswissenschaft Störungen des vermeintlichen Gleichgewichts durch unvorhersehbare Ereignisse zu erklären versucht, die von außen das reibungs-

1 Einen nützlichen Überblick bieten Maurice Flamant/Jeanne Singer-Kérel: Modern Economic Crises and Recessions, New York 1970.

lose Funktionieren der Wirtschaftsmaschinerie unterbrechen, sprechen die Regelmäßigkeit und der systemische Charakter solcher Zusammenbrüche für Ursachen innerhalb des Getriebes selbst.

Die Abschwungphasen eines Zyklus führen besonders deutlich vor Augen, dass der Verbrauch keineswegs den letzten Zweck der Produktion bildet, sondern dem unternehmerischen Profitstreben untergeordnet ist: Güter, die nicht mit Gewinn verkäuflich sind, werden nicht hergestellt oder sogar vernichtet – selbst Lebensmittel landen trotz verbreiteten Hungers auf der Mülldeponie, um die Preise anzuheben. Kapitalisten investieren Geld in der Hoffnung, am Ende mehr davon zu haben als zu Beginn. Da Investitionen getätigt werden, um Profite zu erzielen, und da die Nachfrage nach Arbeitskraft (und somit nach Gütern, die die Erwerbsbevölkerung konsumiert) sowie nach Produktionsgütern von Investitionen abhängig ist, entscheidet das Auf und Ab der Profitrate – des Verhältnisses von verdientem zu investiertem Geld – über den Zustand der Wirtschaft. Deshalb bildete sich, wie Wesley Mitchell bemerkt hat, zusammen mit der auf das Geld ausgerichteten Profitwirtschaft der Konjunkturzyklus heraus.[2]

Kurzum: Geld ist mitnichten bloß ein technisches Hilfsmittel im Dienst der »Realwirtschaft«, in der es um Produktion und Verbrauch geht (auch wenn Keynes immerhin meinte, es könne Verzerrungen in die Betriebsweise des Systems bringen), sondern wesentlich dafür, wie der Kapitalismus funktioniert. Wie Mitchell betonte, kennzeichnet es die kapitalistische Gesellschaft, »dass sich die wirtschaftliche Tätigkeit hauptsächlich in der Form des Einnehmens und Ausgebens von Geld vollzieht«. Und er betonte, dass dies nicht dasselbe sei, wie den Kapitalismus als ein System des Marktaustauschs zu

2 Mitchell betont, er behaupte »nicht, einfacher organisierte Wirtschaften seien von Krisen oder vom Wechsel guter und schlechter Zeiten frei. […] Doch erst wenn ein großer Teil des Volkes vom Geld-Verdienen und -Ausgeben lebt, Waren in großem Maßstab für große Märkte herstellt und sich hierbei der Einrichtungen des Kredits bedient, wenn die Wirtschaft in Unternehmungen mit wenigen Arbeitgebern und vielen Angestellten organisiert ist: erst dann erkennt man an den Schwankungen der Wirtschaft die Züge des Konjunkturzyklus«. (Mitchell: Der Konjunkturzyklus, S. 71)

bezeichnen: Eine »Profitwirtschaft« [*business economy*] – so sein bevorzugter Begriff – hat sich in keinem Gemeinwesen herausgebildet, bevor nicht der Großteil seiner wirtschaftlichen Tätigkeiten die Form des Geldverdienens und -ausgebens angenommen hat. Diese Art der Organisation von Produktion, Distribution und Konsumtion ist der springende Punkt – nicht der Gebrauch von Geld als Tauschmittel. Aus diesem Grund geht es auch bei einem so großen Teil der modernen Wirtschaft, vom Versicherungswesen bis zur Spekulation mit Immobilien und Aktien, nicht in erster Linie um Herstellung und Verbrauch von Gütern. Ein Unternehmen, so Mitchells allgemeine Definition, »strebt nach Profit auf ein eingebrachtes Kapital und sucht ihn in einer Reihe von Handlungen, die mit Kauf und Verkauf von Gütern gegen Geld zusammenhängen«.[3]

Im Ergebnis sind so nicht nur Produktion und Konsumtion anders organisiert als in früheren Gesellschaftsformen, sondern hat auch das Geld neue Eigenschaften und Formen angenommen. Das gilt es deshalb zu betonen, weil Geld an sich eine uralte gesellschaftliche Erfindung ist. Auch wenn es in der Vergangenheit mitunter so verwendet wurde wie heute – das antike Rom zum Beispiel kannte bereits profitorientierte Investitionen, umfangreichen Handel und ein rudimentäres Bankenwesen –, ist der Kapitalismus doch die erste historische Formation, in der die Reproduktion der Gesellschaft insgesamt am Geld hängt. In keiner früheren Gesellschaft gelangte das Gros der Güter durch monetären Austausch von der Produktion in die Konsumtion. Heute werden selbst bei der unbezahlten Hausarbeit (1927 schätzte Mitchell, dass die »Hausfrauen, dreimal so zahlreich als die Farmer, […] die bedeutendste der infrage stehenden Berufsgruppen« bildeten[4]) lauter Dinge verwendet, die man im Geschäft kaufen muss, und sie findet in Wohnraum statt, der mit Geld gekauft oder gemietet wird. Wenn Ökonomen zwischen »realer« und »monetärer« Analyse unterscheiden, drückt sich darin die Überzeugung aus, dass sich die heutige Gesellschaft im Grunde nicht von früheren

3 Ebd., S. 60, 65, 81f.

4 Ebd., S. 65.

unterscheidet und das Geld lediglich die Effizienz eines ewigen Kreislaufs der Produktion für den Verbrauch steigert.[5] In Wirklichkeit aber ist es eine Besonderheit des Kapitalismus, dass die Kontinuität der realen Prozesse von Produktion und Konsumtion ein funktionierendes Geldsystem voraussetzt.

Zum einen bedeutet »Tausch« unter modernen Bedingungen nicht wirklich den wechselseitigen Gütertransfer zwischen Personen: Ganz überwiegend werden Güter nicht direkt gegeneinander, sondern gegen Geld getauscht.[6] Solche Transfers werden nicht nur durch die Bedürfnisse der Beteiligten geregelt – oder wie in früheren Tauschsystemen durch Ideale von Großzügigkeit oder Prestige –, sondern durch den »Wert« der Güter, ausgedrückt als ein bestimmter Geldbetrag.[7] Der eine entscheidet, sein Geld für eine Dose Sardellen auszugeben; der andere hat einen anderen Geschmack. Aber jeder, der die würzigen kleinen Fische verspeisen will, muss denselben Preis für sie zahlen, ihren Wert. Der Preis drückt keine individuelle Vorliebe für Sardellen aus; er ist – um Adam Smiths Terminologie zu verwenden – der Tauschwert der salzigen Delikatesse im Unterschied zu ihrem Gebrauchswert. Um den Preis auszudrücken, zu dem etwas auf dem Markt angeboten wird, fungiert Geld als »Rechengeld« oder »Maß der Werte«. Wenn das Geld tatsächlich die Besitzer wechselt und so als »Zirkulationsmittel« oder – zu einem späteren Zeitpunkt – als »Zahlungsmittel« dient, hat sich der Wert des betreffenden

5 Diese Annahme zeigt sich quer durch die gesamte Wirtschaftstheorie, etwa wenn »Kapital« sowohl die in Produktionsprozessen eingesetzten Maschinen und Werkzeuge als auch das Geld, mit dem sie im Kapitalismus gekauft werden, bezeichnen soll, oder wenn Thomas Piketty die Profitabilität des Kapitals vom antiken Rom bis in die Gegenwart ausrechnet. Eine immer wieder modische Version dieser Annahme ist Karl Polanyis Gedanke, »die Wirtschaft« sei in früheren Gesellschaften »eingebettet« gewesen und erst mit dem Kapitalismus ein sichtbar abgegrenztes gesellschaftliches Subsystem geworden.

6 Direkte Tauschgeschäfte zwischen Unternehmen – laut der International Reciprocal Trade Association gab es 2010 in den Vereinigten Staaten rund 450 000 solcher Transaktionen – werden durch die Kalkulation des Geldwerts der betreffenden Güter abgewickelt; der Austausch von Kryptowährungen auf der Plattform Etherium beruht auf ähnlichen Berechnungen.

7 Die neoklassische Wirtschaftswissenschaft, die Geldpreise als Ausdruck subjektiver Bewertungen von Waren zu erklären versucht, ist daher zu der Annahme gezwungen, dass das »Gesetz des einen Preises« verschiedene »Nutzen« vergleichbar mache. Siehe Mirowski: More Heat Than Light, S. 236–238.

Guts von seinem Gebrauchswert abgetrennt, den der Käufer nun konsumieren kann, während der Wert in den Händen des Verkäufers verbleibt. Diese eigenständige Existenz des ökonomischen Werts eines Guts, materialisiert im Geld, entspricht dem Umstand, dass solche Güter nicht von ihren Produzenten verbraucht, sondern eigens zum Zweck des Verkaufs hergestellt werden. Indem sie ein tauschbares Äquivalent für das Universum der Güter bietet, ermöglicht sie deren allgemeine Bewegung von den Produzenten zu den Konsumenten. Woran sich der Reichtum des Verkäufers bemisst, ist nicht eine Ware in seinem Besitz, sondern das durch den Verkauf erzielte Geld, der Wert der veräußerten Ware: Er begründet sein Anrecht auf einen Teil der Gesamtheit der Produkte.

Dass gesellschaftliche Produktion keinen geldvermittelten Austausch benötigt, damit die Güter an die Endverbraucher gelangen, steht außer Frage. Andere Gesellschaften organisieren die Bewegung der Güter von den Produzenten zu den Konsumenten auf andere Weise. Die Praxis der Produktion für den Verkauf setzt zum einen voraus, dass die Produzenten das gesellschaftlich anerkannte Recht besitzen, über ihre Erzeugnisse frei zu verfügen. (In der Gesellschaft der San im südlichen Afrika des frühen 20. Jahrhunderts konnte es dagegen der Fall sein, dass die Teile eines Tieres, das ein Jäger erlegt hatte, von vornherein bestimmten Verwandten gehörten; solche Verpflichtungen verbanden die Mitglieder der Gruppe zu einem System der Produktion und Konsumtion.) Dieses Recht ist in der modernen Gesellschaft ausdrücklich in Gesetzen niedergelegt, die Fragen des Privateigentums regeln und über deren Einhaltung der Staat wacht; die Entwicklung des modernen Wirtschaftssystems erforderte rechtliche Innovationen, die etwa den Kauf und Verkauf von Land ermöglichten. Zum anderen werden Güter in diesem System zwar als Eigentum bestimmter Personen hergestellt, sind aber größtenteils dazu vorgesehen, von anderen konsumiert zu werden – egal von wem, solange er ihren Wert bezahlen kann. Ob der Aufwand, der in ihre Produktion geflossen ist, als Teil der gesellschaftlichen Produktion gilt, zeigt sich erst, wenn sie tatsächlich verkauft werden.

Eben diesen Aspekt des »Werts« erklärten die klassischen Ökonomen um 1800, indem sie ihn mit der zur Produktion des betreffenden Guts erforderlichen Arbeit gleichsetzten. Dafür sprach eine ganze Reihe von Gründen. Zum einen verband es den Marktaustausch mit der gesellschaftlichen Arbeitsteilung, deren Ausmaße als ein wesentlicher Zug der entstehenden modernen Gesellschaft erschienen, und machte plausibel, wie ein soziales System durch das Handeln von lauter einzelnen Eigentümern aufrechterhalten werden kann, die ihre je eigenen Interessen verfolgen. So erschien das Tauschverhältnis als etwas, das individuelle und allgemeine Interessen zur Deckung bringt: Die Arbeit, die eine Person zur Gesellschaft beiträgt, gibt ihr das Recht, in Gestalt eines Produkts von anderen dieselbe Menge an Arbeit zu erhalten. Aus dieser Perspektive betrachtet verband sich das Tauschverhältnis mit neuen Auffassungen über die wesenhafte (rechtliche) Gleichheit der Menschen, mit ihrem Eigentum am eigenen Körper (daher bereits im 17. Jahrhundert das zwiespältige Verhältnis zur uralten Praxis der Sklaverei, das in den Schriften von Sozialphilosophen wie John Locke deutlich wird) und mit der Ablehnung von Ansprüchen auf das Sozialprodukt, die sich auf Status oder Tradition beriefen – etwa auf einen Eigentumstitel auf Land, was etwas anderes war als sich die Mühe zu machen, es zu bewirtschaften.

Ein von Marx hervorgehobenes Problem an dieser »Arbeitswerttheorie« bestand darin, dass sie die unterschiedlichen Arten von Arbeit, die unterschiedliche Arten von Gütern produzieren, als quantitativ direkt vergleichbar behandelte – weil sich der »Wert« ihrer Produkte unterschiedslos in Geld ausdrückte – und sie so als Manifestationen ein und derselben Sache darstellte.[8] Die »konkreten« Arbeiten, wie Marx sie

8 Wie Marx in einer Fußnote im ersten Band des »Kapital« formuliert: Der klassischen politischen Ökonomie »fällt [...] nicht ein, dass bloß quantitativer Unterschied der Arbeiten« – wie von der Gleichsetzung ihrer Produkte mit bestimmten Geldbeträgen impliziert – »ihre qualitative Einheit oder Gleichheit voraussetzt, also ihre Reduktion auf abstrakt menschliche Arbeit.« (Marx, Kapital I, MEW, Bd. 23, S. 94, Anm. 31) Vor einem ähnlichen Problem steht der neoklassische Versuch, in Geld ausgedrückte Werte aus individuellen »Nutzen« abzuleiten. In Inghams Worten: Wie kann »ein intersubjektiver Wertmaßstab (Rechengeld) aus einer endlosen Vielzahl subjektiver Präferenzen hervorgehen?« (Ingham: The Nature of Money, S. 25)

nannte, sind aber nicht nur ganz verschiedene Tätigkeiten, sondern unterscheiden sich auch voneinander in zahlreicher Hinsicht wie etwa Qualifikation, Gefährlichkeit oder Prestige, sodass der Vergleich von Arbeitsmengen entweder unbestimmt ist oder auf irgendeinem anfechtbaren Urteil beruht. Das erklärt teilweise, warum es in europäischen Sprachen bis zur Entstehung der kapitalistischen Gesellschaft kein Wort für »Arbeit« im Sinne einer allgemeinen Kategorie gab, die die gesamte Vielfalt an produktiven Tätigkeiten abdeckt.[9] Nach Marx ist es allein die Praxis des Tauschs von Gütern gegen Geld, die sie quantifizierbar macht; indem wir ihren Produkten einen monetären Wert – einen Preis – zuweisen, machen wir sie vergleichbar und abstrahieren von ihren materiellen Unterschieden. In den Worten von Geoffrey Ingham: »Geldrechnung [...] ist das Mittel, mit dem sich die Arbeit des Friseurs in die des Landwirts übersetzen lässt«, womit eine abstrakte Form von Arbeit hergestellt wird (oder »sozial konstruiert«, um es mit einer heutigen akademischen Phrase zu sagen).[10] Diese Abstraktion ist keine bloß begriffliche (so wie das Wort »Tier« Käfer und Spatzen umfasst): Die Praxis des Tauschs von Gütern gegen Geld, die Eigentum von einer Person an eine andere überträgt, produziert eine Reihe von Verhältnissen nicht nur zwischen den am Tausch Beteiligten, sondern auch zwischen Produzenten und Konsumenten, denn die Güter werden eigens zum Zweck des Austauschs hergestellt. Damit dies geschieht, muss Geld mehr sein als ein bloßes Symbol für den Gedanken der »Arbeit im Allgemeinen«. Sein Besitz eröffnet Zugang zur Welt der Waren – selbst wenn es nur ein Stück Papier ist: »Das Geld gibt die gesellschaftliche Macht als Ding in die Hand der Privatperson.«[11] Gleichzeitig wird der gesellschaftliche Charakter der produktiven Tätigkeit verhüllt, indem den Waren Wert zugeschrieben wird. Der Preis

9 Siehe das Stichwort »Labour« in Raymond Williams: Keywords. A Vocabulary of Culture and Society, überarbeitete Neuausgabe, New York 1985, S. 177–179.

10 Ingham: The Nature of Money, S. 6.

11 Karl Marx: Fragment des Urtextes von »Zur Kritik der politischen Ökonomie« (1858), in: ders.: Grundrisse der Kritik der politischen Ökonomie, Berlin 1953, S. 874.

eines Laibs Brot repräsentiert nicht ausdrücklich das Verhältnis zwischen dem Arbeiter in der Bäckerei und denen, die es gemeinsam essen werden. Doch der Tausch von Geld gegen Brot verbindet sie miteinander, wie wir uns vergegenwärtigen können, wenn wir das System von Produktion und Austausch als ein Ganzes betrachten, in dem Güter als Werte produziert werden, die sich als Geld realisieren sollen.

Aber wie erklärt sich dieses historisch einzigartige System der Produktion und Konsumtion? Warum überhaupt eine materielle Repräsentation der gesellschaftlichen Arbeit erfinden? Ein Teil der Antwort liegt im individuellen, privaten Charakter der Produktion, die ohne vorherige Absprache mit den potenziellen Konsumenten durchgeführt wird, sodass es die Austauschbarkeit der Produkte gegen Geld ist, die den gesellschaftlichen Charakter des Produktionsprozesses trägt. Ein anderer, gesellschaftlich-historisch mit dem ersten verbundener Teil der Erklärung beginnt mit der Tatsache, dass die »Personen«, die Güter herstellen, ganz überwiegend nicht die wirklichen Produzenten sind, sondern ihre Arbeitgeber – heute zumeist juristische Personen, also Unternehmen, die rechtlich als die Hersteller und daher Eigentümer der Produkte gelten. Der Kapitalismus ist schwerlich die erste Gesellschaft, in der Menschen für andere arbeiten: Über weite Strecken der Geschichte stand ein Teil der gesellschaftlichen Arbeit und Produkte qua Brauchtum und Recht den Stellvertretern der Götter, dem Staat, den Eltern oder dem örtlichen Fürsten zu, und was ein Sklave produzierte, gehörte abgesehen von dem, was er selbst verzehren durfte, natürlich seinem Herren. Aber der Kapitalismus ist das erste Gesellschaftssystem, in dem die Verfügung über Arbeitszeit und Sozialprodukt durch die Zirkulation des Geldes strukturiert wird.

Vor dem Kapitalismus konnten die Menschen weltweit sowohl die von ihnen selbst verbrauchten Güter als auch die, die Herren und Herrscher aller Art ihnen abnahmen, selbst herstellen, da sie Zugang zu Land, Werkzeugen und anderen Ressourcen besaßen. Unter diesen Umständen konnte der monetäre Austausch nur einen kleinen Teil des Wirtschaftslebens ausmachen. Erst der mehrere Jahrhunderte lange Prozess, durch den die landwirtschaftlichen Produzenten in Europa – die große Mehrheit der Bevölkerung, die verschiedene traditionelle Rechte und Pflichten zur Nutzung von Boden und anderen Produktionsmitteln hatte – entweder vom Land vertrieben oder in Pächter verwandelt wurden, schuf die Grundlage für die Entstehung der Profitwirtschaft. An die Stelle der Subsistenzproduktion trat zunehmend die Produktion von Rohstoffen für gewerbliche Hersteller, die sie zu verkäuflichen Produkten verarbeiteten, indem sie die neuen Landlosen als Lohnarbeiter beschäftigten; die Städte wuchsen zu Zentren von Produktion und Handel heran. Als Kaufleute ihre Geschäfte ausweiteten und dazu übergingen, das herstellende Gewerbe zu finanzieren, und die im Mittelalter für Händler und Adlige tätigen Geldverleiher zu Bankiers wurden, die den Geldfluss in marktorientierte produktive Investitionen organisierten, verwandelte sich Geld in Kapital: Es wurde mit dem Ziel investiert, einen monetären Gewinn abzuwerfen. Im 16. und 17. Jahrhundert hatte sich das System weit über Europa hinaus ausgedehnt: Nord- und Südamerika, Afrika und Asien lieferten Rohstoffe, während Schuldknechtschaft und später Sklaverei (die mangels einer ausreichenden Zahl von besitzlosen Arbeitskräften notwendig war) dazu dienten, Waren für das rasch expandierende Marktsystem zu produzieren.

Im Zuge dieses Prozesses wurde Geld allmählich zu der vorherrschenden Form, in der sich die Grundeigentümer die Früchte der produktiven Arbeit aneigneten: Als Pacht erhielten sie einen Teil der von den Landwirten erzielten Profite, die Arbeitskräfte einstellten, um für einen wachsenden Markt zu produzieren. Gleichzeitig wurde das Arbeitsvermögen – für die Philosophen des 18. Jahrhunderts die Basis von Eigentumsansprüchen auf das Sozialprodukt – selbst zu einer Ware. Sie konnte an Unternehmer verkauft werden, die sie mit den Rohstoffen und Werkzeugen zusammenführten, ohne die keine Arbeit verrichtet werden konnte. Die Verwandlung verschiedenster Tätigkeiten in »Arbeit« schlechthin, die sich durch die Gleichsetzung von Waren und Geld auf den Märkten vollzog, ging einher mit der Verwandlung von landlosen Arbeitern – die früher an ein bestimmtes Stück Land und traditionelle produktive Pflichten gebunden waren – in eine abstrakte »Erwerbsbevölkerung«, die für jede Art von Arbeit zur Verfügung steht, die die Unternehmer gerade erfinden.

Mit der Herausbildung dieses gesellschaftlichen Arrangements wurde das Tauschmittel Geld zu einer Barriere zwischen den Produzenten und ihrem Produkt, das Eigentum der Unternehmer war: Die Erwerbsbevölkerung ist gezwungen, für Geld zu arbeiten, um einen Teil dessen zu kaufen, was sie selbst hergestellt hat. Geld ist die Form, in der der Wert der Güter, die sie für ihre Reproduktion benötigt, dargestellt wird und der darüber hinaus erzeugte Überschuss in die Hände der Unternehmer wandert. Die Arbeiter geben ihr Geld meistens vollständig für ihre Reproduktion aus (was die Reproduktion einer Klasse von Lohnarbeitern in Familien einschließt), sparen können sie sehr wenig. Dagegen kehrt das von den Unternehmern in die Produktion investierte Geld mit einem Überschuss zu ihnen zurück, wenn die Produkte verkauft sind; ihre Stellung als Eigentümer und Arbeitgeber wird folglich genauso reproduziert wie die der Arbeiter, die zum Überleben eine Beschäftigung brauchen.

Da alle Einkommen die Form von Geld annehmen, das im Gegenzug für irgendein Gut oder eine Dienstleistung bezahlt wird, erscheint das Lohnverhältnis zwischen Arbeitern und Unternehmern – das in Wirklichkeit zentral für den Kapitalismus als System ist – als eine von vielen Tauschbeziehungen zwischen rechtlich gleichgestellten Personen. Die Tatsache, dass die »Realwirtschaft« selbst durch Geldströme strukturiert und reguliert wird, lässt diese Ströme paradoxerweise als etwas erscheinen, das zu einem System des Tauschs zwischen Eigentümern hinzutritt. Gerade die Zentralität des Geldes für das System erschwert es den Menschen, deren Leben von ihm bestimmt ist, es zu verstehen – und das gilt für Ökonomen wie für alle anderen.

Die Produktion des Geldes

Als der Kapitalismus entstand, machte er sich das Geld zunutze, wie es in der mittelalterlichen Gesellschaft existierte. Fernand Braudel hat die groben Konturen dieser Entwicklung anhand verschiedener Phänomene nachgezeichnet: Regelmäßige Verkaufsmessen, auf denen Händler und Käufer aufeinandertrafen, wuchsen mit der Zeit, europäische Kaufleute trieben Handel mit Gewürzen und anderen Erzeugnissen aus Asien, in Italien und Nordeuropa setzten politische Akteure Söldnerarmeen ein.[12] Hauptmaterial für Geld waren Gold und Silber, die von Regierungen zu Münzen mit standardisiertem Gewicht und folglich Wert geprägt wurden. Wie im ersten Kapitel dargestellt, brachte die Verwendung von Münzen eine Abnutzung und Verringerung ihres Metallgehalts mit sich, wodurch sie der Tendenz nach bereits als Symbole fungierten. Das sprach für die Verwendung von staatlich emittiertem Papiergeld, das Metallgeld symbolisiert, aber ein wichtigerer Ersatz für Warengeld entstand mit der verbreiteten Zirkulation von Banknoten – Zahlungsversprechen, die durch die Beteiligung staatlicher oder quasi-staatlicher Einrichtungen (der National- oder Zentralbanken) »so gut wie Gold« wurden und als gesetzliches Zahlungsmittel dienten.

Bereits Mitte des 19. Jahrhunderts erwies sich das Warengeld als ungenügend für die Erfordernisse eines Wirtschaftssystems, das immer wieder Phasen starker Expansion und Kontraktion durchläuft. Diese Lektion ergab sich aus der britischen Suspendierung der Goldkonvertibilität zugunsten der Kriegsfinanzierung, wurde aber mehr als ein halbes Jahrhundert lang nicht zur Kenntnis genommen. Vielmehr schrieb der britische Premierminister Robert Peel die Argumente der Bullionisten, laut denen die Geldmenge durch die Goldbestände des Bankensystems begrenzt sein sollte, im Bank Act von 1844 fest. Dieses Gesetz schränkte die Fähigkeit der Bank of England zur Notenausgabe deutlich ein, indem es sie an ihre

12 Fernand Braudel: Sozialgeschichte des 15.–18. Jahrhunderts, Bd.1: Der Alltag, übers. v. Siglinde Summerer, München 1985, Kap. 7; Bd. 2: Der Handel, übers. v. Siglinde Summerer u. Gerda Kurz, München 1986, Kap. 1.

Goldreserven band. Wie die frühere Tätigkeit des Bullion Committee war es eine Reaktion auf Preisbewegungen – in diesem Fall auf die starke Deflation im Gefolge der Handelskrisen von 1825 und 1836 –, die auf der durch Ricardos Autorität gedeckten Überzeugung beruhte, sowohl steigende wie fallende Preise (und somit Handelseinbrüche) resultierten aus einem Missverhältnis zwischen der Geldmenge und dem Wert der Waren auf dem Markt. Das Ergebnis bestand jedoch in noch schärferen Krisen 1847 und schließlich 1857, als der Goldabfluss ins Ausland und das Horten von Banknoten im Inland einen Geldmangel hervorriefen, der die Zinssätze in die Höhe trieb. Beide Male musste die Regierung den Bank Act außer Kraft setzen, damit die Geldmenge entsprechend den Erfordernissen der Unternehmen wachsen konnte.[13]

Diese Erfahrung wiederholte sich nach dem Ersten Weltkrieg, als die erneute Einführung des Goldstandards durch die Bank of England niedrigere Preise und höhere Zinssätze erforderte, die das Land in eine Depression stürzten.[14] Es waren solche Phänomene, die Keynes dazu veranlassten, den Goldstandard zu einem »barbarischen Relikt« zu erklären. Während er die Einführung eines internationalen Kreditgeldes (»Bancor« genannt) befürwortete, das von einer globalen Zentralbank ausgegeben werden sollte, schuf das Bretton-Woods-

13 Als Marx 1857 für die *New York Tribune* über die Ereignisse berichtete, spottete er über den Bank Act als »ein selbsttätiges Prinzip für die Papiergeldzirkulation [...], wodurch sich diese genau wie nach den Gesetzen einer reinen Metallgeldzirkulation ausdehnen und zusammenziehen müßte; und alle Geldkrisen würden somit [...] für alle kommenden Zeiten abgewendet werden«. (Karl Marx: Der Bank Act von 1844 und die Geldkrise in England, MEW, Bd. 12, S. 314) Dieses Material nahm er sich später noch einmal vor, als er im Manuskript für den dritten Band des »Kapital« das Kreditsystem untersuchte, wobei er die praktische Widerlegung der Quantitätstheorie und des mit ihr verbundenen ricardianischen Geldverständnisses betonte; siehe Karl Marx: Das Kapital. Dritter Band, in: MEW, Bd. 25, Kap. 34.

14 Als die britische Regierung 1925 die Goldkonvertibilität wiederherstellte, führte dies dazu, dass »die britischen Preise zu hoch waren, was für die Textilexporteure von Lancashire und für die mit Importen konkurrierende Chemieindustrie Wettbewerbsnachteile zur Folge hatte. Die Überbewertung des Pfundes drückte die Nachfrage nach britischen Produkten und trieb die Arbeitslosenquote in die Höhe. Es kam zu Goldabflüssen bei der Bank von England, sodass diese gezwungen war, die Zinsen zu erhöhen, auch wenn sie die Wirtschaft des Landes damit noch weiter belastete.« (Barry Eichengreen: Vom Goldstandard zum Euro. Die Geschichte des internationalen Währungssystems, übers. v. Udo Rennert u. Wolfgang Rhiel, Berlin 2000, S. 89)

Abkommen mit seinem Gold-Dollar-Standard eine Kompromisslösung, bei der die US-Währung neben dem Edelmetall als internationale Reservewährung diente. Nach 1971 schließlich wurde das Warengeld weltweit zugunsten eines Systems aufgegeben, das auf dem von Zentralbanken emittierten Kreditgeld beruht, wobei der Dollar seine beherrschende Stellung behielt. Wie der Goldstandard erwies sich auch das Bretton-Woods-System als unvereinbar mit den wirtschaftlichen und politischen Spannungsverhältnissen der Nachkriegszeit, als internationale Kapitalströme mit nationalen Interessen in Konflikt gerieten.[15]

Ein wichtiger Unterschied zwischen Bankkreditgeld und staatlich ausgegebenen Papiernoten (die oft verwechselt werden, zumal sich der Begriff »Fiatgeld« gewöhnlich auf beide bezieht) besteht darin, dass ersteres ausdrücklich in Staatsschulden sein Fundament hat. (Daher trennte Roosevelt 1938 zwischen dem Drucken von Greenbacks und einer durch die Staatsverschuldung begrenzten Notenausgabe.) Wie die Erfahrung wiederholt gezeigt hat, wird inkonvertibles Papiergeld von Staaten, die normalerweise Warengeld benutzen, schnell in zu großen Mengen ausgegeben, wenn Regierungen der Versuchung erliegen, ihre Rechnungen durch das Anwerfen der Druckerpresse zu begleichen. Marx hat darauf hingewiesen, dass überschüssiges Metallgeld, das für geschäftliche Transaktionen nicht benötigt wird, aus der Zirkulation ausscheidet, gehortet wird und dabei seinen Wert behält (was der Quantitätstheorie widerspricht, die annimmt, dass alles Geld zirkuliert). Papiergeld hingegen, das in beständig wachsenden Mengen in die Zirkulation geworfen wird, verliert bloß seinen Wert im Verhältnis zu Gold, anderen Währungen und dem Universum der verkäuflichen Waren. Genau das geschah mit den Assignaten während der Französischen Revolution, die weit über die Landverkäufe hinaus, die sie decken sollten, ausgegeben wurden, und mit der Mark in Deutschland, als die Regierung zur Begleichung ihrer Kriegsschulden Geld druckte.

15 Ebd., Kap. 4.

Da das Papiergeld in beiden Fällen ein Symbol für Gold (oder in Gold bewertete Ländereien) war, das damals noch die offizielle Basis des Geldsystems darstellte, repräsentierten die immer zahlreicheren Noten jeweils immer weniger Warengeld und verloren entsprechend an Wert. Dadurch schienen diese Erfahrungen die Quantitätstheorie zu bestätigen. Kreditgeld der Zentralbank dagegen, etwa der heutige US-Dollar, wird in Mengen ausgegeben, die dem Ankauf von Staatsschulden entsprechen, die theoretisch aus zukünftigen Steuereinnahmen abbezahlt werden können.

Dieser Prozess ist manchmal schwer nachzuvollziehen, weil das Dollarsystem ein massives Gebilde ohne jedes Fundament zu sein scheint. (Eine Federal Reserve Note ist ein Schuldschein der Zentralbank, aber diese Schuld kann nur mit weiteren Federal Reserve Notes zurückgezahlt werden.) Paradoxerweise hat der Produzent des Dollar, die US-Regierung, kein eigenes Geld (abgesehen von dem, was sie zum Beispiel durch die Verpachtung von öffentlichem Land einnimmt). Sie beschafft sich die Mittel zur Deckung ihrer Ausgaben durch Steuern und Kredite. Besteuerung ist ein relativ unkomplizierter Vorgang – die Regierung eignet sich durch legale Beschlagnahme einen Teil des im Privatsektor erwirtschafteten Geldes an. Da der Staat in seiner Existenz vom System der Privatunternehmen abhängig ist, wird er sich unter gewöhnlichen Umständen darauf beschränken, nur einen kleinen Teil des Geldes zu beanspruchen, das sie im Lauf des Produktionszyklus für den gewinnbringenden Verkauf verdienen; wir können uns dies als einen Abzug vom Jahresgewinn vorstellen – und genau so verstehen es auch die Unternehmer. Zwar werden auch die Löhne besteuert, aber wenn wir diese als den Teil des Gesamteinkommens betrachten, für den die Klasse der Lohnabhängigen im Gegenzug zum Arbeiten bereit ist, dann ist klar, dass der als Steuer erhobene Betrag genau so gut bei den Unternehmern hätte verbleiben können.

Da die Steuern auf eine Höhe begrenzt bleiben müssen, die die Unternehmen nicht zur Betriebsaufgabe zwingt, leihen sich die Regierungen Geld im Privatsektor, wenn sie größere

Mengen benötigen, und im Notfall nehmen sie auch Kredite bei anderen Staaten oder zwischenstaatlichen Einrichtungen wie dem IWF auf. Nach dem Vorbild privater Unternehmen leiht sich das Finanzministerium Geld, indem es Anleihen verkauft. Diese Anleihen werfen Zinsen ab; ihr Preis bestimmt sich nach dem Zinsniveau auf dem Markt für Wertpapiere insgesamt. Als Sicherheit dienen die Steuereinnahmen des Staates, die neben weiteren Krediten die Mittel darstellen, mit denen die Zinsen und schließlich auch der eigentliche Kreditbetrag getilgt werden sollen. Das Fundament des gesamten Währungssystems – auch des internationalen, in dem der US-Dollar die wichtigste Reservewährung darstellt – besteht somit in der amerikanischen Staatsschuld.

Der Wert dieser Schulden wird zunächst einmal durch die schiere Größe des Markts für US-Staatsanleihen aufrechterhalten – Anfang 2020 hatte er ein Volumen von 17 Billionen Dollar –, die so für gewöhnlich ohne Auswirkungen auf ihren Preis verkauft werden können.[16] Das wiederum verdankt sich der zentralen Rolle des Dollar als globale Reservewährung, die von Zentralbanken weltweit gehalten wird, worin sich die Dominanz der US-Wirtschaft ausdrückt.[17] In letzter Instanz entscheidend ist, dass die Weltwirtschaft insgesamt weiter funktioniert.[18]

Deutlich wird dies an der Tatsache, dass die von der Zentralbank ausgegebenen Noten nur einen sehr kleinen Teil dessen ausmachen, was man gewöhnlich Geld nennt (die »weit

16 Die 2020 von der Corona-Pandemie ausgelöste Krise rief allerdings so außergewöhnliche Umstände hervor, dass die Fed große Mengen US-Staatsanleihen aufkaufen musste, um ihren Preis zu stützen und international Liquidität zu gewährleisten.

17 Grob messen lässt sich dies am Anteil der USA am weltweiten BIP, der 2020 deutlich über 20 Prozent lag; an zweiter Stelle stand China mit 15 Prozent, Deutschland erreichte keine 4 und Russland keine 2 Prozent. Noch deutlicher zeigt sich diese Hierarchie anhand des Marktwerts der Unternehmen, die an den nationalen Börsen notiert sind. 2013 betrug er für die USA mehr als 24 000 Milliarden Dollar, für China 7 000 und für Japan 4 500 Milliarden Dollar. Siehe Tabelle 7.2 in Tony Norfield: The City. London and the Global Power of Finance, London 2016, S. 181, sowie Kap. 5.

18 Wie Mattick bündig formulierte: »Hinter Geldtransaktionen stehen die Kapitalwerte von Unternehmen [...] als materielle Einheiten in Warenform.« (Mattick: Marx und Keynes, S. 184)

gefasste Geldmenge«). Hergestellt vom U.S. Bureau of Engraving and Printing, gehen sie zunächst an die regionalen Federal Reserve Banks und von dort an die Geschäftsbanken, die dem Fed-System angehören. Technisch gesehen handelt es sich um Verbindlichkeiten der Fed – es sind Kredite, die die Mitgliedsbanken dem System einräumen. Ihr Wert ist durch die Finanzanlagen gewährleistet, die die Federal Reserve Banks als Sicherheiten ausweisen: US-Staatsanleihen und hypothekenbesicherte Wertpapiere halbstaatlicher Banken, die das Fed-System durch Offenmarktgeschäfte erwirbt. Die Staatsanleihen sind durch das Steueraufkommen besichert, die Hypothekenpapiere durch den Wert der beliehenen Immobilien und in der Praxis durch den Fluss der Hypothekenzahlungen. Die Garantie dafür, dass die Banknoten der Fed einen Wert haben, besteht darin, dass Geld an die US-Regierung fließt.

Das meiste Geld (rund 97 Prozent) besteht in Form von Kontoguthaben, die den von Geschäftsbanken an Unternehmen und Privatpersonen vergebenen Krediten entsprechen.[19] Wie im ersten Kapitel erwähnt, schöpfen Banken Geld, wenn sie Kredite vergeben (umgekehrt wird Geld vernichtet, wenn ein Kredit zurückgezahlt wird). Auf diese Weise wird ständig Geld geschaffen (und vernichtet): Unternehmen verschulden sich, um Rohstoffe zu kaufen, und tilgen die Kredite einige Wochen oder Monate später; Haushalte nehmen Hypotheken auf, die sie über Jahrzehnte hinweg abbezahlen; Kreditkartenrechnungen wachsen und verringern sich; Staaten nehmen Kredite auf, um ihre Ausgaben zu decken; Spekulanten leihen sich Geld, um Anlageposten zu kaufen und später wieder zu verkaufen (oder um sie als Sicherheit für weitere Kredite einzusetzen).

Woraus das Geld seine Substanz als die Form bezieht, in der der Wert der Waren erscheint, ist der fortlaufende Betrieb eines Gesellschaftssystems, in dem Produktion und Konsumtion vom Profitstreben der Unternehmen beherrscht sind und der gesellschaftliche Charakter der Produktion sich als Preis der

19 Wie wir im nächsten Kapitel sehen werden, wird die Geldmenge noch stärker ausgeweitet durch die Produktion von »Schattengeld« – Kreditinstrumente, die für das heutige Finanzsystem grundlegende Bedeutung haben.

Güter darstellen muss. Was Marx über den Ursprung des Geldes im Zuge der Herausbildung des modernen Marktsystems bemerkt, trifft auch seine Realität in der entwickelten kapitalistischen Ökonomie der Gegenwart: »Der Geldkristall ist ein notwendiges Produkt des Austauschprozesses, worin verschiedenartige Arbeitsprodukte einander tatsächlich gleichgesetzt und daher tatsächlich in Waren verwandelt werden.«[20]

Dass Geld eine Ware sein müsse, war eine Täuschung von Ökonomen vor dem 20. Jahrhundert. Sie resultierte teilweise aus der Vorstellung, der Kapitalismus sei eine Art von Tauschökonomie, die auf dem Transfer von Gütern und Dienstleistungen zwischen individuellen Eigentümern beruht. Aus dieser Perspektive betrachtet erschien das Geld schlicht als die austauschfähigste Ware.[21] Außerdem schien die materielle Realität von Gold und Silber die Realität des Geldwerts zu verbürgen, indem sie dem potenziell inflationären Einsatz der Druckerpresse entgegenstand. Zum einen jedoch zeigten wiederholte Fälle von Abdriften in die Inflation und Suspendierung des Goldstandards, dass auch das Warengeld keine Gewähr für das Funktionieren des Systems bot, sobald es unter ernsthaften Druck geriet. Zum anderen erkannte Marx hellsichtig, dass der Kredit ein kapitalistisches Geld darstellt, das für ein dynamisches Wirtschaftssystem besonders geeignet ist. Nicht nur muss die Geldmenge entsprechend den Erfordernissen der Zirkulation zu- und abnehmen – und ist somit genau umgekehrt als von der Quantitätstheorie behauptet von den Preisen der Waren bestimmt, die zu einem gegebenen Zeitpunkt ausgetauscht werden –, sie muss auch das Zusammenlegen monetärer Ressourcen und die Erfindungen der Finanzwelt ermöglichen, angefangen beim Bankkredit über die Aktienmärkte bis hin zu schrilleren Formen wie den Derivaten (also Finanzverträgen, mit denen auf die Preisentwicklung von Anlagewerten spekuliert wird). Da sich »Gold und

20 Marx: Kapital I, MEW, Bd. 23, S. 101f.

21 Genau so erklärte bekanntlich Carl Menger, ein namhafter Ökonom des ausgehenden 19. Jahrhunderts, den Ursprung des Geldes: ders.: On the Origin of Money, in: Economic Journal, 6/1892, S. 239–255.

Silber von den andren Gestalten des Reichtums« nur dadurch unterscheiden, dass sie »selbstständige Inkarnationen, Ausdrücke des *gesellschaftlichen* Charakters des Reichtums« sind, war es kaum überraschend, dass der »Kredit, als ebenfalls gesellschaftliche Form des Reichtums«, das Geld verdrängt und seine Stelle »usurpiert«.[22]

Anders als Warengeld besitzt Kreditgeld nur einen unbedeutenden Eigenwert. Sein Wert besteht schlicht in dem, was man sich mit ihm kaufen kann: Er ist bestimmt durch die Preise der Waren. Da durch Staatsschuld konstituiertes Geld, wie der Ökonom Duncan Foley bemerkt, genauso wie Warengeld »gegen hergestellte Waren getauscht wird«, sind sein Wert und folglich seine Menge durch diese Tauschvorgänge begrenzt, denn schließlich ist es nur ein Element – wenn auch eines mit einzigartiger Funktion und Stellung – im Gesamtsystem.[23] Inflation, der Anstieg des allgemeinen Preisniveaus, ist daher nicht »ein monetäres Phänomen«, sondern resultiert aus der Funktionsweise des Systems von Warenproduktion und Tausch insgesamt.

Preise

Das Ziel kapitalistischer Beschäftigung, ein Produkt für mehr Geld zu verkaufen, als seine Herstellung gekostet hat, setzt die Unternehmer dem Druck aus, für Maschinen und Rohstoffe nicht mehr zu zahlen als nötig. Die Hersteller dieser Güter wiederum müssen auf eine effiziente Produktion bedacht sein, indem sie die bezahlte Arbeitszeit, die ihre Beschäftigten für sie benötigen, soweit senken, wie kulturelle Normen und der Stand der Technologie es zulassen. Dasselbe gilt für die Hersteller der von den Arbeitern konsumierten Güter. Alle Unternehmer versuchen, einen (im Durchschnitt) möglichst niedrigen Lohn zu zahlen, der aber noch sicherstellen muss, dass sie immer über Arbeitskräfte verfügen; seine Höhe bestimmt sich durch die Ansprüche der Arbeiter und die Preise der von

22 Marx: Kapital III, MEW, Bd. 25, S. 588.

23 Duncan Foley: Marx's Theory of Money in Historical Perspective, in: Moseley (Hrsg.): Marx's Theory of Money, S. 48.

ihnen verbrauchten Güter. Und sobald man einmal darüber nachdenkt, liegt schließlich Folgendes auf der Hand: Wenn wir davon ausgehen, dass der durchschnittliche Lohn ausreichend ist für die Reproduktion der Arbeitskräfte, dann bildet die Arbeitszeit über den Punkt hinaus, bis zu dem sie den Gegenwert ihrer Löhne produzieren (dargestellt als ein Teil der Kosten des Outputs), die Grenze des Profits für das System als Ganzes.

Alle diese Materialien und Tätigkeiten werden mit Geld bezahlt. Auch die daraus resultierenden Güter und die erneuerte Arbeitskraft haben monetär ausgedrückte Werte, sodass sie allesamt als Elemente eines kontinuierlichen Prozesses ineinander übersetzt werden können: Die gegen einen Lohn verrichteten produktiven Tätigkeiten verschiedenster Arbeiter bringen Produkte hervor, deren Verkauf bestimmte Geldsummen generiert, um den Prozess von vorn zu beginnen, den Unternehmern, deren Investitionen am Anfang des Ganzen standen, Einnahmen zu verschaffen und die Produktion durch den Ankauf von noch mehr Arbeitskraft und Materialien zu erweitern. Anders gesagt: Die Geldpreise von Gütern und Arbeitsvermögen bilden die Form, in der die Elemente des Produktionssystems in Entscheidungsprozesse einfließen, und bestimmen darüber, welche In- und Outputmengen mit dem Erfordernis vereinbar sind, dass Investoren einen Profit erzielen; umgekehrt wirkt das Erfordernis, zwecks Profitmaximierung die Kosten zu minimieren, dämpfend auf die Preise aller dieser Elemente. Weil die verrichteten Arbeiten ganz unterschiedlicher Art sind, lässt sich keine Formel aufstellen, mit der man die tatsächlichen Produktionszeiten in Geldpreise umrechnen könnte. Stattdessen bieten die wechselseitigen Anpassungen der Preise, mit denen Käufer und Verkäufer ihren (monetären) wirtschaftlichen Nutzen zu maximieren versuchen, die einzige verfügbare Darstellung der Verhältnisse zwischen den Produzenten sowie zwischen Produzenten und Konsumenten, die die Gesellschaft als ein Wirtschaftssystem konstituieren.[24]

24 Wie produktive Tätigkeiten im Geld dargestellt werden, wird genauer erörtert in Paul Mattick: Theory as Critique. Essays on »Capital«, Chicago 2019, Kap. 5.

Weil Geld den gesellschaftlichen Charakter der produktiven Tätigkeiten verkörpert, die von den voneinander unabhängigen Unternehmen, aus denen die kapitalistische Ökonomie besteht, gesteuert werden, kann es auch Elemente wie Boden und natürliche Ressourcen erfassen, die selbst kein Resultat von Produktion sind. So wie der grundbesitzende Adel in den Anfängen des Kapitalismus einen Teil des Geldes abschöpfen konnte, das kommerzielle Landwirte durch den Verkauf der Erzeugnisse der von ihnen beschäftigten Arbeiter erzielten, geht heute zum Beispiel ein Teil des Benzinpreises an die Eigentümer des Bodens, auf dem sich das später weiterverarbeitete Rohöl befindet. Geld hat keinen Preis, muss aber dennoch bezahlt werden: Wer fremdes Geld nutzen will, zahlt Zinsen, so wie Pacht zahlt, wer fremden Boden nutzen will. So erhalten auch Dinge, die an sich keinen Wert haben, einen Preis – etwa die Anleihen, mit denen sich Unternehmen (und Regierungen) Kapital beschaffen. Sie sind grob den Geldbetrag wert, dessen Verleih zum aktuellen Zinssatz dieselbe Rendite einbringen würde. Die Preise solcher Dinge können infolge der allgemeinen wirtschaftlichen Lage stark schwanken.

Wenn Unternehmer unabhängig voneinander ihre Entscheidungen treffen, sind sie potenziell Konkurrenten. Bei der Festlegung der Preise, die sie voneinander verlangen, versucht jeder, den über die Reproduktionskosten hinaus erzielten Überschuss von anderen Unternehmen in das eigene zu transferieren. Wenn etwa der Eigentümer einer Raffinerie die Preise erhöhen kann, weil andere Betriebe auf seine Treibstoffe angewiesen sind, fließt an ihn ein größerer Teil des Profits, den andernfalls diese Betriebe hätten erzielen können. Unternehmen konkurrieren auch durch die Steigerung der Arbeitsproduktivität miteinander, indem sie ihre Beschäftigten dazu zwingen, für denselben Lohn härter oder länger zu arbeiten, oder sie durch Maschinen ersetzen, die langfristig die Kosten senkt. Darin besteht sogar eine der wichtigsten langfristigen Tendenzen des Kapitalismus, die zu einer enormen Ausweitung der Produktionskapazitäten geführt hat, während die Erwerbsbevölkerung relativ zum Output kleiner geworden ist. Weil dies in der Regel durch den Einsatz von Maschinen anstelle von Arbeitern erreicht wird, sinken die Investitionen in Arbeitskräfte im Verhältnis zu denen in Rohstoffe, Maschinen und Betriebsgebäude. Eine unbeabsichtigte, aber willkommene Folge dieser Tendenz besteht darin, dass die wachsende Produktivität in den Konsumgüterindustrien den Arbeitern – zumindest eine Zeit lang – einen gleichbleibenden oder steigenden Lebensstandard selbst dann erlaubt, wenn der Anteil der Löhne am Gesamteinkommen zurückgeht (wodurch ein größerer Teil des gesellschaftlichen Arbeitstags den Konten der Unternehmer zugutekommt).

Als sich der Kapitalismus im 19. Jahrhundert entwickelte, versuchten gewöhnlich alle Firmen, ihre Produkte auf diese Weise zu verbilligen, damit mehr von den Gesamtausgaben auf sie entfällt. Da dieses Ziel die Unternehmer in sämtlichen Branchen antreibt, ist eine allgemeine Tendenz zu sinkenden Preisen – also zur Deflation – zu erwarten, solange sich die Arten der Produkte nicht signifikant ändern. Neben dieser langfristigen Tendenz sind die Effekte der Verschiebungen von Angebot und Nachfrage zu berücksichtigen, die der Konjunkturzyklus quer durch die Produktpalette in erheblichem Ausmaß bewirkt. Und tatsächlich sah das typische Muster in den ersten anderthalb Jahrhunderten des Industriekapitalismus so aus, dass die Preise bei guter Konjunktur stiegen, um danach mit dem einsetzenden Abschwung zu fallen, und sie über den Zyklus hinweg im Durchschnitt nach unten tendierten. Die großen Ausnahmen waren Situationen wie Kriege, wenn Staaten ihre Rechnungen zu begleichen versuchten, aber nicht auf eine gesteigerte Produktion zurückgreifen konnten, was mitunter starke Inflationsschübe auslöste.

Daten

Seit den Anfängen des Kapitalismus wurde viel über Inflation und Deflation diskutiert, ohne dass belastbare, systematische Kenntnisse der Preisentwicklung auf nationaler und internationaler Ebene vorlagen. Wie wir gesehen haben, hat dies Ökonomen nicht an selbstsicheren Aussagen über die Mechanismen von Geld und Preis gehindert. Reale Kenntnisse entstanden erst im 19. Jahrhundert allmählich, als interessierte Individuen vielfältigste Quellen durchforsteten, um die Preise verschiedener Güter in Datenreihen zu erfassen. Abgesehen von der Schwierigkeit, historische Daten aus Quellen zu gewinnen, die gar nicht im Hinblick auf diese Frage erstellt wurden – etwa Dokumente über Getreidepreise und Löhne in bestimmten Regionen eines Landes –, wirft ein durch ständigen Wandel qualitativer wie quantitativer Art gekennzeichnetes Wirtschaftssystem dabei auch theoretische Probleme auf. Anders als frühere Gesellschaftsformen hat der Kapitalismus unablässig neue Arten von Produkten hervorgebracht und die bereits existierenden verändert. Die Preise handgesponnener und mithilfe einer Spinnmaschine produzierter Baumwollfasern miteinander zu vergleichen, scheint unproblematisch zu sein, aber wie fassen wir die Preisveränderungen von Kleidung, die sich dadurch ergeben, dass Naturfasern wie Baumwolle durch synthetische Acrylfasern ersetzt werden? Der Preis von Tomaten kann durch die Züchtung einer Sorte gesenkt werden, die sich bedenkenlos in unreifem Zustand transportieren lässt, aber reden wir hier trotz des veränderten Geschmacks über eine Preisveränderung desselben Nahrungsmittels oder wird ein teureres Produkt durch ein billigeres ersetzt? Solche Fragen stellten sich ganz praktisch, als Regierungen begannen, Daten über Inflation und Deflation zu erheben.

Die öffentliche Diskussion darüber bezieht sich heute häufig auf den Verbraucherpreisindex, der die Preisveränderungen einer Reihe von Gütern und Dienstleistungen misst, die eine Verbrauchergruppe gewöhnlich kauft. Andere Maße verfolgen Veränderungen des Bruttoinlandsprodukts einzelner Länder (sogenannte BIP-Deflatoren) und sogar im globalen Durchschnitt; manche Länder konstruieren auch ein Maß für Änderungen der Herstellerpreise, wobei sie die Preise von Gütern an jedem Punkt erfassen, an dem sie zur Weiterverarbeitung oder für den Verbrauch verkauft werden. Da es einen absoluten Preisstandard nicht gibt, werden die Veränderungen in Relation auf die Preise zu einem bestimmten früheren Zeitpunkt gemessen, der als Basis gilt. Sie heißen »reale« Preise im Gegensatz zu den »nominalen«, die mit ihnen verglichen werden – eine Art Eingeständnis, dass der Preisbegriff in der heutigen Wirtschaftswissenschaft keinerlei Fundament besitzt. Alle diese Indexe erfordern Entscheidungen darüber, welche Güter berücksichtigt werden, ob sie als dieselben wie in der Vergangenheit zählen und welches Gewicht verschiedenen Kategorien beizumessen ist, um ein numerisches Bild der Gesamtwirtschaft zu erhalten. Auch die Preiserfassung ist alles andere als unkompliziert, wie ein kleines Beispiel aus dem Bereich der Herstellerpreise verdeutlicht:

> »Selbst wenn mehrere Unternehmen für die gleichen Güter gleiche (oder unterschiedliche) Preise fordern, so kann es sein, dass der wahre Preis (oder Preisunterschied) nicht bekannt gegeben wird, weil, wie es häufig geschieht, Zahlungen der Schwächeren an die Stärkeren geleistet werden, damit sie ins Geschäft kommen können, etc. Hinzukommt, dass eine solche unterschiedliche Behandlung vielfach dann eintritt, wenn die Unternehmen eine Vielzahl von Waren erzeugen (z. B. Stahl, wovon es angeblich mehr als 10 000 verschiedene Sorten gibt, deren Preise zum Großteil etwas differieren) und wenn die von den Kunden gekauften Mengen sehr unterschiedlich sind. So wird großen Autoproduzenten ein ganz anderer ›Stahl‹-Preis (mit einem anderen Streuungsbereich und einer anderen Schwankungshäufigkeit) zugestanden als kleinen Bauunternehmern von bloß örtlicher Bedeutung für den von ihnen gekauften ›Stahl‹. ›Der‹ Stahlpreis ist daher schwer zu erfassen.«

Außerdem stammen »die meisten Einzelpreise, die in den Brutto-Sozialprodukt-Deflator eingehen«, aus Quellen, die sowohl den Verbraucherpreis- als auch den Großhandelspreisindex umfassen, weshalb er »den gleichen Einschränkungen in Bezug auf Qualitätsunterschiede, Häufigkeit neuer Produkte, etc.« unterliegt.[25]

25 Morgenstern: Über die Genauigkeit wirtschaftlicher Beobachtungen, S. 183, 193f.

Abgesehen von diesen allgemeinen Problemen drücken sich in Inflationsindexen auch breitere wirtschaftliche und politische Tendenzen aus. Ein interessantes Beispiel dafür bietet die Geschichte des Verbraucherpreisindex in den Vereinigten Staaten. Der erste Versuch, ein solches Maß zu konstruieren, erfolgte zwischen 1888 und 1890, als das neu gegründete Bureau of Labor eine Studie über Haushaltsausgaben und Einzelhandelspreise durchführte. Das Ziel dabei war nicht ein akademisches Verständnis der Funktionsweise der Wirtschaft: Der Auftrag des Bureau, das aus den Bemühungen während der »Progressive Era« hervorgegangen war, den sich rasant entwickelnden amerikanischen Kapitalismus zu steuern, bestand in der »Erhebung von Informationen über das Thema Arbeit, ihr Verhältnis zum Kapital, die Arbeitszeiten und Einkünfte erwerbstätiger Männer und Frauen sowie über Mittel, ihr materielles, soziales, geistiges und moralisches Wohlergehen zu fördern«.[26] Daten des Bureau wurden zum Beispiel 1903 von der Anthracite Coal Commission herangezogen, um einen Streik im Bergbau zu schlichten, wobei sie in diesem Fall eine Lohnerhöhung rechtfertigten.

Im Ersten Weltkrieg wurde die Forderung nach einem Lebenshaltungskostenindex laut, der als Grundlage für eine Lohnpolitik mit dem Ziel dienen sollte, die Lebensstandards aufrechtzuerhalten; die 12 000 Familien, deren Ausgaben die mittlerweile als Bureau of Labor Statistics firmierende Behörde untersuchte, gehörten dem Einkommen nach zur Arbeiterklasse. Auch während der Depression der 1930er-Jahre sollten die Forschungen des Bureau dazu beitragen, »die Interessen der Arbeiterschaft zu fördern«.[27] Im Zweiten Weltkrieg dagegen, als die neuen Industriegewerkschaften nach dem Ende der Depression und flankiert von staatlichen Kriegsausgaben auf höhere Löhne drängten, wurde der Verbraucherpreisindex zu deren Deckelung herangezogen. In dieser Phase und sogar

26 Bureau of Labor Act, U.S. Statutes at Large 23 (1885), S. 60, zit. n. Darren Rippy: The First Hundred Years of the Consumer Price Index. A Methodological and Political History, U.S. Bureau of Labor Statistics, in Monthly Labor Review, April 2014, unter https://doi.org/10.21916/mlr.2014.13.

27 Ebd., S. 27.

noch bis in die 1960er-Jahre erfasste der Index nicht die Preisveränderungen von Konsumgütern allgemein, sondern »von Gütern, die die Familien von Lohnarbeitern und kleineren Angestellten in den Großstädten gewöhnlich kauften«.[28] (Über weite Strecken seiner Geschichte schlossen die Erhebungen für den Index zudem alleinstehende Lohnabhängige und Nicht-Weiße aus, so wie die Sozialprogramme des New Deal generell schwarze Arbeiter nicht berücksichtigten.) Diese Bevölkerungsgruppe blieb auch nach dem Krieg im Fokus der Erhebungen, als der Verbraucherpreisindex zur Grundlage von Tarifabkommen insbesondere in der Automobilindustrie wurde. Mit dem Anstieg der staatlichen Ausgaben für Renten, Gesundheitswesen, Behinderte, Kriegsveteranen und ärmere Familien im Lauf der 1960er-Jahre wurden auch solche Zahlungen an dem Index ausgerichtet. Der Anteil der US-Bevölkerung, dessen Ausgaben untersucht wurden, wuchs von 45 auf 80 Prozent.

Als das Wirtschaftswachstum schwächer wurde und die Inflation sich beschleunigte, begannen nicht nur Politiker, sondern auch viele Ökonomen zu argumentieren, der Index überzeichne die Teuerungsrate und treibe dadurch ohne Not die Staatsausgaben und Tariflöhne in die Höhe. 1978 wurde er gemäß den neuen theoretischen Rezepten vollständig neu konzipiert und die offizielle Inflationsrate dadurch erfolgreich gesenkt. Die entscheidende Veränderung bestand darin, dass nicht mehr die Preise einer festgelegten Warengruppe verfolgt wurden, sondern verschiedene »Nutzen«, wenn die Verbraucher in Reaktion auf Preisveränderungen ihr Kaufverhalten änderten. Wurde Rind so teuer, dass sie stattdessen Schweinefleisch kauften, dann erfasste das Bureau eben statt der Preise von Rind die von Schweinefleisch – mit der theoretischen Begründung, die »Zufriedenheit« der Verbraucher bleibe dabei gewahrt. Mithilfe dieser »Zufriedenheit« konnte ein stets gleichbleibender »realer« Lebensstandard definiert werden. Die Erfindung der »hedonischen Bewertungsmethode«, die den verschiedenen Aspekten eines Produkts imaginäre Preise

28 Ebd., S. 66.

zuweist, erlaubte es, dessen Gesamtpreis für statistische Zwecke neu zu bestimmen, wenn sich seine Eigenschaften änderten: Verbesserte es sich in irgendeiner Hinsicht, dann wurde es als billiger erfasst, auch wenn sich sein Preis gar nicht geändert hatte. Eine weitere sonderbare Neuerung bestand darin, Wohnkosten nicht mehr wie bislang durch Daten über Mieten abzubilden, sondern durch die Kosten von Eigenheimen (unter anderem durch Hypothekenzahlungen und Hauspreise). Als die Hauspreise später in astronomische Höhen kletterten, wurden die Wohnkosten wiederum anders berechnet: anhand der Mieten, die Eigenheimbesitzer zahlen müssten, besäßen sie ihre Immobilie nicht. Wie zwei Experten erläuterten: »Um die Veränderungen der Lebenshaltungskosten des Durchschnittsverbrauchers zu erfassen, ist es möglicherweise sinnvoller, für die Kosten der Nutzung von Wohnraum einen Mietenindex zugrundezulegen – besonders in Zeiten starker Veränderungen der Hauspreise und der Kosten der Heimfinanzierung.«[29]

Das alles bedeutet, dass die Konzepte, die den diversen zur Messung von Inflation und Deflation bemühten Statistiken zugrunde liegen, nicht nur im Lauf der Zeit stark modifiziert wurden – was die Aussagekraft langer Datenreihen einschränkt –, sondern bestenfalls als grobe Annäherung und überwiegend als irreführend zu werten sind. Wie Morgenstern bemerkte, scheint es zwar schwer vorstellbar, dass »eine nach so vielen theoretisch untermauerten Operationen und Berechnungen ermittelte Zahl *nicht* richtig und fehlerfrei sein soll [...]. Nichtsdestoweniger ist die Vorstellung, ein so komplexes Phänomen wie die Veränderung eines ›Preisniveaus‹ – das selbst schon eine gewaltige theoretische Abstraktion darstellt – könnte gegenwärtig mit einem so hohen Grad von Genauigkeit gemessen werden, einfach absurd.«[30] Wir sind daher gut beraten, weniger die einzelnen Zahlen der offiziellen Indexe als vielmehr die großen Tendenzen in den Blick zu nehmen, die sich durch den Nebel der Statistiken hindurch erkennen lassen und häufig genug auch für die Betroffenen unmittelbar

29 Ebd., S. 119.

30 Morgenstern: Über die Genauigkeit wirtschaftlicher Beobachtungen, S. 190.

spürbar sind, die – sei es als Unternehmer oder als Lohnabhängige – in einer sich verändernden Wirtschaft zurechtkommen müssen.

Soweit sich solche Datenreihen jedoch aufstellen lassen, sehen wir in der ersten Hälfte der Geschichte des Kapitalismus den erwarteten Abwärtstrend der Preise, insbesondere in der großen Phase der Industrialisierung ab der Mitte des 19. Jahrhunderts. Wie Schumpeter resümierte, »war fast bis zum Ende des [19.] Jahrhunderts die mengenmäßige Produktionssteigerung von fallenden Preisen, verbreiteter Arbeitslosigkeit und Geschäftsverlusten begleitet«, da Unternehmen, die nicht mehr konkurrenzfähig waren, bankrottgingen.[31] Im Kern dasselbe Bild der Preisentwicklung ergibt sich aus Zahlen der Fed-Zweigstelle Minneapolis, deren Ökonomen die Lebenshaltungskosten in den Vereinigten Staaten von 1800 bis 2022 in einer Datenreihe dargestellt haben. Nach ihren Schätzungen sanken sie im Durchschnitt recht stetig bis zu den 1920er-Jahren, wobei drei von Kriegen bestimmte Zeiträume – die Jahre um den Britisch-Amerikanischen Krieg von 1812, den Bürgerkrieg 1861–1865 und den Ersten Weltkrieg – Ausnahmen darstellten; in den Phasen dazwischen jedoch gingen die Verbraucherpreise beständig zurück.[32] Die Zeit seit dem Zweiten Weltkrieg aber weist dann unübersehbar die bereits erwähnte Veränderung auf: eine ununterbrochene inflationäre Tendenz mit gelegentlich steilen Anstiegen. Statistiker der Bank of England gelangen mit Blick auf ihr Land zu einem ähnlichen Befund: »Die Preise sind in den vergangenen fünfzig Jahren schneller gestiegen als in irgendeinem vergleichbaren Zeitraum seit 1694; der Preisindex hat sich von 1694 bis 1948 verdreifacht, ist seitdem jedoch um beinahe das Zwanzigfache gewachsen.«[33] Da die Arbeitsproduktivität seit dem Zweiten Weltkrieg weiter zugenommen hat, wäre eigentlich ein allge-

31 Schumpeter: Geschichte der ökonomischen Analyse, Bd. 2, S. 928.

32 Federal Reserve Bank of Minneapolis: Consumer Price Index,1800–, unter www.minneapolisfed.org.

33 Helen MacFarlane/Paul Mortimer-Lee: Inflation over 300 Years, in: Bank of England Quarterly Bulletin, 2/1994, S. 157.

meiner Rückgang der Preise zu erwarten gewesen. Stattdessen sind sie im Durchschnitt gestiegen, und zwar mitunter rapide. Irgendetwas muss sich am globalen Kapitalismus nach dem Zweiten Weltkrieg grundlegend geändert haben. Wenn die Inflationstendenz seit 1945 nicht einfach ein Nebeneffekt der Aufhebung des Goldstandards ist, dessen Schatten – das Bretton-Woods-System – später ebenfalls aus der Welt geschafft wurde, wodurch erklärt sie sich dann?

5 — Preise und Profite

Einen wichtigen Aspekt der Geschichte, der mit der Mechanik des Preisniveaus zunächst scheinbar wenig zu tun haben mag, haben wir bereits erwähnt: Aufseiten der gesellschaftlich herrschenden Gruppen schwand die Bereitschaft, das mit Arbeitslosigkeit und Verarmung verbundene Risiko sozialer und politischer Konflikte einzugehen. Im 19. Jahrhundert schienen soziale Unruhen, sofern sie sich nicht durch Emigration (häufig nach Nord- und Südamerika) verflüchtigten, durch Gewalt angemessen handhabbar zu sein – einzelne Proletarier, die sich von bitterer Armut zu Verstößen gegen die Gesetze des Privateigentums hatten treiben lassen, wurden bestraft (zumeist mit dem Strang), aufsässige Gruppen zwangsumgesiedelt (etwa nach Australien oder Sibirien), breitere Bewegungen niedergeschlagen. Manifestationen von Unmut der unteren Schichten wie etwa die Proteste in England am Ende der napoleonischen Kriege, deren blutiger Ausgang als Peterloo-Massaker bekannt ist, oder der schlesische Weberaufstand von 1844 wurden ebenso mit Waffengewalt unterdrückt wie die Pariser Aufstände, die 1871 in der Übernahme der Regierungsgewalt durch die Kommune gipfelten. Diese soziale Explosion in Frankreich flößte den herrschenden Klassen weltweit Furcht ein. In den Vereinigten Staaten zum Beispiel bauten die Stadtväter im ganzen Land aus Angst, der massive Eisenbahnerstreik von 1877 könne ein Vorbote kommunistischer Klassenkämpfe sein, Waffenlager für die neu gebildeten Nationalgarden, um sich auf den Krieg der Klassen vorzubereiten. Derselbe Drang zeigte sich auf internationaler Ebene: Die Russische Revolution von 1917 wurde nicht nur von der einheimischen Weißen Armee, sondern auch von europäischen und amerikanischen Streitkräften bekämpft. Und was 1919 wie ein Übergreifen der russischen Ereignisse auf Europa aussah, schlugen die Regierenden brutal nieder – die Sozialdemokraten in Deutschland nicht anders als die Protofaschisten in Ungarn.

Zur Zeit der Großen Depression war Gewalt keineswegs aus dem politischen Arsenal verschwunden. Obwohl die revolutionäre Linke in Deutschland bereits 1923 eindeutig besiegt war, versprach Hitler zehn Jahre später seinen Unterstützern in Industriellenkreisen, dass er jegliche Bedrohung der sozialen Ordnung durch sozialistische oder kommunistische Parteien und Gewerkschaften eliminieren werde – und das tat er dann auch mit allem Nachdruck. In den Vereinigten Staaten wurden 20 000 verarmte Kriegsveteranen, die 1932 in Washington für die vorzeitige Auszahlung der ihnen versprochenen Boni demonstrierten, mit Knüppeln und Maschinengewehren empfangen. Doch das Ausmaß der um sich greifenden wirtschaftlichen Katastrophe, die wachsende Kampfbereitschaft von Beschäftigten wie Arbeitslosen und das Erfordernis, gesellschaftliche Einheit herzustellen, um Krieg führen zu können, legten andere Methoden nahe, weshalb in sämtlichen bedeutenden kapitalistischen Ländern Versuche unternommen wurden, das wachsende Elend mit Sozialleistungen und Arbeitsbeschaffungsprogrammen einzudämmen. Über Deutschland zum Beispiel bemerkt der Historiker Robert Paxton: »Eingedenk der Erfahrungen von 1918 war das Dritte Reich um jeden Preis entschlossen, Arbeitslosigkeit oder Lebensmittelknappheit zu verhindern.«[1] Wie bereits erwähnt, stellte der Zweite Weltkrieg selbst ein massives Beschäftigungsprogramm dar und diente zugleich als Mittel zur Neuaufteilung der wirtschaftlichen Einflusssphären unter den Großmächten. Nach 1945 schließlich hatten die Furcht vor einer Rückkehr der Depression und der beginnende Kalte Krieg, der es erforderlich zu machen schien, die Sympathien für den Kommunismus in Europa durch soziale Maßnahmen in Schach zu halten und potenziellen geopolitischen Bedrohungen mit militärischen Mitteln zu begegnen, zur Folge, dass die Staatsausgaben anders als nach dem Ersten

1 Robert O. Paxton: Anatomie des Faschismus, übers. v. Dietmar Zimmer, München 2006, S. 202.

Weltkrieg auf hohem Niveau verharrten. In der Geldpolitik, so der Wirtschaftswissenschaftler Barry Eichengreen, ließ das »Bekenntnis zu Vollbeschäftigung und Wachstum, ein wesentlicher Bestandteil des Sozialpaktes der Nachkriegszeit«, die »deflatorische Zentralbankpolitik, die unter dem Goldstandard Zahlungsbilanzdefizite beseitigt hatte«, nicht länger zu.[2]

Auf die Probe gestellt wurde dieser Kurs von 1973 bis 1975, als nach dem dreißig Jahre währenden Goldenen Zeitalter erneut eine scharfe Rezession einsetzte. Wie im zweiten Kapitel geschildert, zeigten die Reaktionen der Regierungen, dass sie auf keinen Fall eine erneute schwere Depression zulassen wollten, die zu Unternehmens- und Bankenpleiten und zu einer möglicherweise langandauernden Massenarbeitslosigkeit führen würde. Die keynesianischen Maßnahmen hatten zwar nicht den Konjunkturzyklus bezwungen – von der versprochenen Feinjustierung der Wirtschaft blieben sie weit entfernt –, konnten aber seine wirtschaftlichen und sozialen Auswirkungen eindämmen. Damit verhinderten sie allerdings zugleich, dass die heraufziehende Depression im selben Umfang wie in der früheren Geschichte des Kapitalismus ihr Werk vollbringen konnte, nämlich die Bedingungen für einen erneuten Aufschwung herzustellen. Dieser Zusammenhang ergibt sich zwar logisch aus der Annahme eines »Konjunkturzyklus«, muss aber wohl doch erläutert werden.

Wie oben bemerkt, gilt in einer Profitwirtschaft (um Wesley Mitchell zu zitieren): »Nicht was ein Unternehmen herstellt, sondern was es daran verdient, ist sein geschäftlicher Zweck.« Der Gang der Geschäfte ist daher »von den gegenwärtigen und voraussichtlichen Gewinnen bestimmt«.[3] Das widerspricht

2 Eichengreen: Vom Goldstandard zum Euro, S. 135. Der Erfolg des Goldstandards im späten 19. Jahrhundert beruhte laut Eichengreen auf der Abschirmung der Nationalstaaten von politischem Druck; fallende Löhne wurden dadurch begünstigt, dass das »allgemeine Männerwahlrecht und das Erstarken von Gewerkschaften und Arbeiterparteien« noch in der Zukunft lagen; sie führten dann später zu einer »Politisierung der Geld- und Finanzpolitik« (S. 16). Eine damit verbundene Entwicklung, die das aufkommende Mindestreserve-System mit sich brachte, bestand in der Notwendigkeit, dass Zentralbanken in Momenten der Finanzkrise als »Kreditgeber letzter Instanz« agieren mussten. Auch dies war mit stabilen Wechselkursen, die für ein System des Goldstandards zentral sind, unvereinbar (S. 65).

3 Mitchell: Der Konjunkturzyklus, S. 100f.

zwar dem wirtschaftswissenschaftlichen Dogma, liegt aber für jeden auf der Hand, der einen Augenblick über die moderne Gesellschaft nachdenkt.[4] (Keynes wiederholte das Dogma, erkannte aber auch, dass Investitionen und folglich Wirtschaftswachstum von der »Grenzproduktivität des Kapitals« bestimmt sind.) Das deutet darauf hin, dass sich Abschwünge aus der sinkenden Profitabilität des Kapitals ergeben, die darauf folgende Rezession jedoch auf irgendeine Weise die Bedingungen dafür herstellt, die Plusmacherei wieder in Schwung zu bringen. Doch damit solche Spekulationen zu etwas führen, müssen wir eine grobe Vorstellung von den Faktoren haben, die die Profitabilität bestimmen.

Die klassischen Ökonomen gingen von einem unvermeidlichen Anstieg der Löhne aus, da die Ausdehnung der Landwirtschaft auf weniger fruchtbare Böden ihre Produktivität senken werde, und prognostizierten einen daraus resultierenden Rückgang der Profitabilität und folglich der Investitionen, bis die Gesellschaft schließlich in einen »stationären Zustand« eintreten werde. Keynes, der den Fokus der Klassiker auf Fragen der Produktion und Distribution des Nationaleinkommens wiederherstellen wollte, machte eine ähnliche Voraussage, indem er den erwarteten Ertragsrückgang auf die Kapitalinvestitionen verallgemeinerte. Ganz abgesehen von anderen Problemen jedoch erklärt keiner der beiden Ansätze den zyklischen Charakter der Konjunkturschwankungen. Auf der anderen Seite bietet die nicht-keynesianische neoklassische Theorie des allgemeinen Gleichgewichts trotz aller mathematischen Raffinesse »keine überzeugende Theorie des Kapitals oder des Zinses [der in der Neoklassik an die Stelle des Profits tritt] oder ihrer Beziehungen zu Gleichgewichtspreisen«, wie selbst eine wohlwollende Studie über die wirtschaftswissenschaftliche Methodik anerkennt. Ökonomen »verstehen nicht, warum die Zinssätze im Allgemeinen positiv sind (und somit der Kapi-

4 Statistisch untermauert wird diese recht simple Einsicht von Jose A. Tapia: Profits Encourage Investment, Investment Dampens Profits, Government Spending Does Not Prime the Pump. A dag Investigation of Business-Cycle Dynamics, Mai 2015, unter https://mpra.ub.uni-muenchen.de/64698/1/mpra_paper_64698.pdf.

talismus funktionieren kann) [...], wie sich umfassende technische Veränderungen auf Löhne und Zinsen auswirken oder wie Schwankungen der Profitrate Innovationen beeinflussen«.[5] Dass diese Tradition keine zufriedenstellende Theorie des Konjunkturzyklus hervorgebracht hat, überrascht daher nicht.[6]

Heutige Konjunkturtheorien stützen sich meistens auf den Gedanken von »Schocks«, die durch eine verfehlte Geldpolitik oder Ereignisse wie Kriege und Pandemien zufällig entstehen und die Wirtschaft aus dem Gleichgewicht bringen. Praktisch jede wirtschaftliche Schwankung erhält folglich eine besondere Erklärung, nicht eine allgemeine, die der beständigen Wiederkehr des Phänomens Rechnung tragen würde.[7] Mitchell, der sein gesamtes Leben lang Konjunkturzyklen untersuchte, formale Theoriebildung dabei aber mied, sah die Schuld dafür, »dass das Wirtschaftsleben periodisch durch Krisen und Depressionen gestört wird«, bei der »verwirrende[n] Unübersichtlichkeit der Wirtschaft«, denn dies mache die »Aufgabe der Kapitalgeber«, sie zu lenken, »immer schwerer«.[8] Auch dieser Ansatz kann weder das regelmäßige Auftreten von Abschwüngen noch strukturelle Veränderungen der Konjunkturphänomene im Lauf der Zeit erklären. Bedenkt man diesen allgemeinen Mangel an einem Grundverständnis der kapitalistischen Dynamik, dann erstaunt es kaum, dass die Ökonomen beständig daran scheitern, wirtschaftliche Ereignisse vorherzusagen oder gar zu steuern.

5 Daniel M. Hausman: Capital, Profits, and Prices. An Essay in the Philosophy of Economics, New York 1981, S. 191.

6 Schumpeter zum Beispiel akzeptierte die allgemeine Gleichgewichtstheorie als abstrakte Beschreibung der kapitalistischen Ökonomie (Joseph Schumpeter: Über die mathematische Methode der theoretischen Ökonomie, in: Zeitschrift für Volkswirtschaft, Sozialpolitik und Verwaltung, 15/1906, S. 30–49) und erfand daher eine separate Theorie, die die zyklische Dynamik des Systems erklären sollte. Zentral war dabei die umstürzlerische Persönlichkeit von Unternehmern, die immer wieder Prozesse der »schöpferischen Zerstörung« in Gang setzen, durch die das System aus dem Gleichgewicht gebracht wird. (Joseph Schumpeter: Theorie der wirtschaftlichen Entwicklung, Berlin 1911)

7 Eine kurze Geschichte der Konjunkturtheorien bietet Mattick: Business as Usual, Kap. 2.

8 Mitchell: Der Konjunkturzyklus, S. 165. Dass Mitchell sich keiner Theorie verpflichtet sah, beruhte allerdings auf genauesten Kenntnissen des Gegenstands, wie seine Vorträge zeigen: Wesley C. Mitchell: Types of Economic Theory. From Mercantilism to Institutionalism, 2 Bde., New York 1969.

Der Elefant im Raum der ökonomischen Theorie ist natürlich Marx' Prognose, mit dem Fortschritt der kapitalistischen Wirtschaft werde ein tendenzieller Fall der Profitrate eintreten – eine Theorie, die den Vorzug hat, das Phänomen des beständig wiederkehrenden Zyklus von Prosperität und Depression durch allgemein bekannte Charakteristika des Kapitalismus zu erklären. Marx betrachtete das Geld als Darstellungsweise der gesellschaftlichen produktiven Tätigkeiten und argumentierte, deren zunehmende Mechanisierung im Zuge wettbewerbsorientierter Kostensenkung bedeute, dass die real geleistete Arbeit im Verhältnis zur vergangenen, die in der Technologie und der wachsenden Masse der verarbeiteten Rohstoffe verkörpert ist, abnehme. Daher sei zu erwarten, dass der Profit – die monetäre Darstellung des Überschusses an produktiver Tätigkeit über das Maß hinaus, das nötig ist, um die von den Arbeitern konsumierten und die im Produktionsprozess verbrauchten Güter herzustellen – im Verhältnis zu den Gesamtinvestitionen mit der Zeit sinkt. Anders formuliert: Die wachsende Produktivität der Arbeit, Ergebnis effizienterer Organisation und zunehmender Mechanisierung, ist nicht nur für fallende Preise verantwortlich, sondern bewirkt zugleich einen allgemeinen Rückgang der Profitabilität.[9]

Marx' These bezieht sich auf die in der Weltwirtschaft insgesamt geleistete Mehrarbeit, vergegenständlicht in Gütern, die gegen Geld getauscht werden; als Objekt eines Konkurrenzkampfes zwischen ökonomischen Akteuren nimmt dieses Geld die Form von Zins, Rente, Steuern und »industriellem Profit« an, wie Marx die von einzelnen Unternehmen beanspruchte Rendite bezeichnet. Die quantitativen Veränderungen dieser Mehrarbeit markieren die Grenze der Profite, die kapitalistische Firmen erzielen können, und ihre Abnahme wird sich schließlich in nachlassenden Investitionen zeigen, was wiederum die Nachfrage nach Arbeitskräften und folglich nach deren Konsumgütern wie auch nach Investitionsgütern verringert. Wenn der Absatz nicht mehr wächst, sondern ins

9 Das ist die extrem vereinfachte Form einer komplizierten Argumentation. Einige der vertrackten Aspekte erörtert Mattick: Theory as Critique, Kap. 10.

Stocken gerät, können bestimmte Rechnungen nicht mehr bezahlt werden; es kommt zu einer Kreditklemme, die die für Abschwünge typischen finanziellen Turbulenzen wie etwa Börsencrashs und Bankenpleiten hervorruft. Andererseits verbilligen sich sowohl Produktionsgüter wie Arbeitskraft – die Produktivität der Arbeit bleibt unverändert oder verbessert sich sogar –, was die Profitabilität der überlebenden Unternehmen erhöht, einen neuen Aufschwung erzeugt und schließlich wieder die Kreditvergabe erweitert. Auf diese Weise schafft die Depression selbst die Grundlage für eine neue Prosperität. So betrachtet war es der von den 1920er-Jahren bis zum Ende des Zweiten Weltkriegs andauernde globale Abschwung, der dem folgenden Goldenen Zeitalter den Weg bahnte. Marx' Argumentation ist eine hochabstrakte, doch das erneute Auftreten einer unzureichenden Profitabilität Mitte der 1970er-Jahre machte sie fraglos plausibler als die keynesianische Behauptung, es sei gelungen, den Konjunkturzyklus zu zähmen – vom neoklassischen Gedanken eines von selbst zum Gleichgewicht strebenden Systems ganz zu schweigen.

Auch wenn das von Marx diagnostizierte Problem für die gesamte Geschichte des Kapitalismus gilt, bringt dessen Evolution zugleich neue Elemente ins Spiel. Die steigende Arbeitsproduktivität während der Expansion nach 1945 zum Beispiel, die auf der Industrialisierung des 19. Jahrhunderts aufbaute, führte nicht nur dazu, dass weniger Arbeit für die Herstellung einer wachsenden Gütermenge nötig war, sondern auch, dass der Verkauf dieser Güter mehr Arbeit etwa in den verschiedenen Bereichen von Reklame erforderte. Verkaufstätigkeiten aber – die Aufgabe, dafür zu sorgen, dass Produkte tatsächlich gegen Geld getauscht werden – sind für das System als Ganzes ein Kostenfaktor, der aus dem in der Produktion erzeugten Mehrwert gedeckt werden muss, was die Profitabilität von Investitionen weiter senkt. Zwar gibt es Bemühungen, die für solche Zwecke erforderliche Menge an Arbeit insbesondere durch Digitalisierung zu begrenzen, aber die entsprechenden Tätigkeiten sind schwieriger zu automatisieren als Produktionsprozesse. Dasselbe gilt für die wachsende Zahl von Arbeitskräften, die für die Ausweitung staatlich finanzierter sozialer Dienstleistungen wie Bildung und Gesundheitswesen benötigt werden.[10]

Wie auch immer man es erklärt, das altbekannte Problem des Kapitalismus, immer wieder in die Rezession zu schlittern, trat in den 1970er-Jahren erneut zutage. Diesmal jedoch waren die Manager der kapitalistischen Ökonomien – insbesondere unter den neuen Bedingungen einer scheinbaren Bedrohung durch den Kommunismus – nicht bereit, abermals den geschilderten Prozess zuzulassen, durch den die Depression einem neuen Aufschwung den Boden bereitet. Die Alternative bestand wie gezeigt in einer Ausweitung des gemischten Wirtschaftssystems, in dem die Staatsausgaben für Sozialprogramme, Infrastruktur oder Rüstung die gesellschaftlich destruktiven Symptome eindämmen, die die Rezessionstendenzen des Kapitalismus mit sich bringen. Wie oben gezeigt, müssen die Regierungen das dafür erforderliche Geld durch Steuern oder Kredite aufbringen, wobei ersteres die für renditeträchtige Investitionen verfügbare Profitmasse schmälert und letzteres bedeutet, die Kredittilgung (und Zinszahlung) durch zukünftige Besteuerung oder weitere Kredite zu bestreiten.

Aus keynesianischer Sicht sind Staatsausgaben schlicht eine Ausweitung der Nachfrage oder zusätzliche Investition in die künftige Produktion. Denn wenn das Ziel der Produktion im Verbrauch besteht, welchen Unterschied macht es dann schon, ob das hergestellte Gut ein Marschflugkörper ist, für den das Verteidigungsministerium vier Millionen Dollar zahlt, oder ein Computer für die Fertigungsstraße in einer Fabrik? Auch Begriffe wie BIP und BIP-Wachstum verwischen den Unterschied zwischen profitorientierten und unprofitablen Ausgaben. Sobald wir uns aber vergegenwärtigen, dass das Ziel kapitalistischer Produktion darin besteht, durch Investitionen eine Rendite zu erzielen, ergibt sich ein anderes Bild. Der Computerhersteller bekommt für sein Gerät mehr, als er für dessen

10 Eine scharfsinnige Auseinandersetzung mit diesen Fragen unternimmt Jason E. Smith: Smart Machines and Service Work. Automation in an Age of Stagnation, London 2020, Kap. 5 und *passim*.

Fertigung aufgewendet hat; möglich ist das, weil der Preis des Computers, der die für seine Herstellung erforderlichen Tätigkeiten repräsentiert, die Kosten der verwendeten Arbeitskraft und Materialien übersteigt. Ebenso behält das Unternehmen, das mithilfe dieses Computers einen Lastwagen herstellt, den durch dessen Produktion und Verkauf erzielten Profit, weil es sein eigenes Kapital investiert. Der Profit des Rüstungsunternehmens dagegen, das dem Militär einen Marschflugkörper verkauft, entstammt dem Privatsektor, dem der Staat die entsprechende Summe als Steuern (oder Kredit) entzogen hat. Der Betrag wird lediglich umverteilt an die Unternehmen, die in den Genuss von Staatsaufträgen kommen. Und so nützlich der Marschflugkörper auch sein mag, um in einem anderen Land ein Gebäude zu pulverisieren: Geld verdient die Regierung durch seinen Einsatz nicht. Regierungen produzieren kein Kapital, sondern zehren es auf; Staatsausgaben lösen nicht das Problem ungenügender Profitabilität. Für die kapitalistische Ökonomie stellen sie Kosten dar.[11]

Deshalb gilt allgemein, dass Unternehmer ganz unabhängig davon, welchen Theorien über die Wirtschaft sie anhängen, Steuern hassen und nervös werden, wenn die Staatsausgaben große Defizite erzeugen, die für die Zukunft Steuererhöhungen versprechen. Wie konfus ihr Verständnis der Zusammenhänge auch sein mag: Dass die öffentlichen Ausgaben ihnen Mittel entziehen, die sie sich durch die Beschäftigung von Arbeitskräften und den Verkauf von deren Produkten angeeignet haben, wissen sie. Der Theorie zufolge soll das Geld, das in Zeiten der Rezession der staatlichen Konjunkturstützung dient, zurückgezahlt werden, sobald erneut ein sich selbst tragendes Wachstum einsetzt. Praktisch ist dies aber seit Langem nicht geschehen, und die vom Staat verzehrten Summen sind in den letzten 75 Jahren ununterbrochen gewachsen. An einigen Zahlen aus der US-Geschichte verdeutlicht: 1929 beliefen sich die amerikanischen Staatsschulden auf 17 Milliarden Dollar, zehn Jahre später waren es 40 Milliarden. Ein Jahr nach Kriegsende

11 Genauer entfaltet wird dieser Gedankengang in Mattick: Marx und Keynes.

erreichten sie den damaligen Rekordwert von 269 Milliarden, kletterten weiter auf über 300 Milliarden, um bis 1976 einen sprunghaften Anstieg auf 620 Milliarden zu verzeichnen und seitdem stetig weiter auf den im Jahr 2022 erreichten Wert von 30 824 Milliarden anzuwachsen.[12] Vor diesem Hintergrund musste das Pochen auf der Notwendigkeit ausgeglichener Staatshaushalte zwangsläufig der Sorglosigkeit weichen, die noch vor wenigen Jahren zu beobachten war, wenn die öffentliche Verschuldung die Höhe des BIP erreichte oder sogar überstieg. Auch die Summen, die sich arme Länder von reichen geliehen haben, sind ständig gewachsen; dass Staaten wie Ägypten, Pakistan, Somalia und Sri Lanka niemals in der Lage sein werden, ihre Schulden abzubezahlen, ist klar. Dasselbe aber gilt für die Vereinigten Staaten.

Ist der Apparat der öffentlichen Ausgaben einmal entstanden, bildet er natürlich ein Eigeninteresse und die Tendenz zur Expansion heraus.[13] Aber mehr noch: Mangels eines sich selbst tragenden Wachstums ist der Fortbestand des Kapitalismus unter Bedingungen, die für die große Mehrheit der Bevölkerung bis jetzt annehmbar gewesen sind, von Staatsausgaben abhängig geworden – angefangen beim Straßenbau, Bildungs- und Gesundheitswesen über Nahrungsmittelhilfe für die Regionen, in denen er humanitäre Katastrophen angerichtet hat, bis zur Vorbereitung und Führung von Kriegen, die für den Konkurrenzkampf um die Ressourcen der Erde bis heute entscheidend sind. Der amerikanische »militärisch-industrielle Komplex«, von dem Präsident Eisenhower in seiner Abschiedsrede an die Nation sprach, hat mittlerweile Entsprechungen im Gesundheits-, Bildungs- und sogar Gefängniswesen gefunden. Auch in anderen Ländern sind Staat und Privatwirtschaft heute auf verschiedenste Weise eng verflochten, von staatlichen Beteiligungen an Energieunternehmen bis zu den Staatsfonds,

12 Im Verhältnis zum BIP sind die US-Staatsschulden von 33 Prozent im Jahr 1976 auf 120 Prozent im Jahr 2022 gewachsen. Siehe Federal Reserve Bank of St Louis: Federal Debt. Total Public Debt as Percent of Gross Domestic Product, unter https://fred.stlouisfed.org.

13 Siehe Rudolf Klein: Public Expenditure in an Inflationary World, in: Lindberg/Maier (Hrsg.): The Politics of Inflation, S. 196–223.

die für die Wirtschaft Norwegens, Saudi-Arabiens und Singapurs zentrale Bedeutung haben. Eine Einstellung der Staatsausgaben – die inzwischen für mindestens 40 Prozent der als BIP gemessenen Wirtschaftstätigkeiten verantwortlich sind – würde die Welt in eine Depression von unvorstellbarer Tiefe stürzen. So bestand auch weitgehend Einigkeit darüber, dass die Krise von 2008 zu einem allgemeinen Zusammenbruch der Weltwirtschaft geführt hätte, wären die Regierungen nicht bereit gewesen, das Finanzsystem mit Krediten zu retten.[14]

Das Zeitalter des Kredits

Wir befinden uns somit in einer Situation, in der mangelnde Profitabilität mit einem ständigen Anstieg unprofitabler Staatsausgaben einhergeht. Diese Ausgaben erscheinen auf dem Markt als eine Erweiterung der Nachfrage, die die Wirtschaft aus sich heraus erzeugen würde, zumindest solange die Kredite (Staatsschulden), auf denen sie beruhen, verlängert und ausgeweitet werden können. Und das wiederum fördert eine neuartige Reaktion kapitalistischer Unternehmen auf den ungenügenden Umfang der Profite: Konkurrenz nicht durch Preissenkungen, sondern durch Halten oder sogar Anheben der Preise. Genau darin bestand ja der Sinn der Staatseingriffe in die Marktwirtschaft: Trotz unzulänglicher Profite sollten die Investitionen in Produktionsgüter und Arbeitskräfte steigen. Das Ergebnis war, dass die hauptsächliche Folge von Abschwüngen nicht mehr in einer Deflation bestand; sie wurde von der Inflation abgelöst. 1971 erklärte der gerade zum Fed-Präsidenten ernannte Arthur Burns in einer Sitzung des Offenmarktausschusses:

> »Die alten Regeln galten nicht mehr. […] Vor vielen Jahren reagierten die Preise mit einer gewissen Verzögerung auf Konjunkturabschwünge […], und zwar nicht mit einem langsameren Anstieg, sondern indem sie fielen; die Löhne folgten ihnen. Diese Art von Reaktion ist seit dem Ersten Weltkrieg immer

14 In Buchlänge entfaltet diesen Gedanken Adam Tooze: Crashed. Wie zehn Jahre Finanzkrise die Welt verändert haben, übers. v. Norbert Juraschitz u. a., München 2018.

schwächer geworden, und zuletzt konnte man feststellen, dass die Preise in einer Zeit wachsender Arbeitslosigkeit weiterhin in unvermindertem Tempo in die Höhe gingen und die Löhne immer schneller stiegen.«[15]

Dieses Phänomen, über dessen Existenz mit dem Anstieg der Inflation 2021 heftig diskutiert wurde, wurde in den 1970er-Jahren weithin anerkannt. Laut einem Artikel in der *New York Times* vom August 1974 drückten sich in der gestiegenen Profitabilität amerikanischer Unternehmen weniger Produktivitätszuwächse als sogenannte Lagergewinne aus: »Im Preis des Endprodukts schlagen sich die aktuell geltenden Materialkosten weit stärker nieder als die tatsächlich gezahlten.« Im Vorjahr waren »auf die Lagergewinne fast 60 Prozent des ausgewiesenen Gewinnanstiegs entfallen«.[16] Eine weitere Triebkraft der Profite war die beschleunigte Abschreibung von Kapitalgütern, die als Kosten in die Preise der Erzeugnisse eingingen. Doch abgesehen von buchhalterischen Tricks und Steuermanipulation hatte sich das gesamte Gefüge der Preisbildung verändert – auch dadurch, dass Sozialleistungen und Tariflöhne an die Lebenshaltungskosten angepasst wurden.

Wie der Rechtswissenschaftler und Regierungsberater W. David Slawson 1981 bemerkte: »Das letzte Mal, dass amerikanische Agrarerzeugnisse massive Preiseinbrüche erlitten, war während der Großen Depression, bevor staatliche Institutionen für die Festlegung ihrer Preise gegründet wurden.«[17] Im Jahr 2020 machten Staatshilfen 46 Prozent des Nettoeinkommens der Farmer aus und wirkten so dem Marktdruck entgegen.[18] Auch in vielen Bereichen jenseits der Landwirtschaft för-

15 Protokoll vom 8. Juni 1971, S. 50, zit. n. Christina D. Romer/David H. Romer, The Evolution of Economic Understanding and Postwar Stabilization Policy, NBER Working Paper 9274 (Oktober 2002), S. 26. Dass die Große Depression in Burns' Zusammenfassung der Geschichte in zwei Sätzen nicht auftaucht, ist erstaunlich.

16 Don. R. Conlan: Gauging the True Growth of Profitability, in: New York Times, 4.8.1974.

17 W. David Slawson: The New Inflation. The Collapse of Free Markets, Princeton 1981, S. 96f.

18 U.S. Farm Income Outlook. December 2020 Forecast, Congressional Research Service, 9.2.2021, unter https://crsreports.congress.gov, S. 2.

dern staatliche Subventionen den Auftrieb von Herstellerpreisen – oder ihre Stabilität trotz Produktivitätssteigerungen –, sei es auf kommunaler Ebene in Form von Steuererleichterungen oder auf Bundesebene in Form von Preisstützen, die begünstigte Unternehmen oder ganze Branchen erhalten. Allgemein gilt in den Worten von Slawson: »Ob mit oder ohne Staatshilfen, praktisch jeder genießt den Schutz von Institutionen, die die Preise regulieren, die seine primäre Gewinn- oder Einkommensquelle darstellen.«[19] Diese Konstellation hatte sich zwar bereits seit der Großen Depression herausgebildet, erfuhr aber durch den im Abschwung von 1973 bis 1975 sichtbar werdenden Rückgang der Profitabilität einen Schub. Wie Slawson schreibt: »Die konkurrenzgetriebene Inflation setzte in den Vereinigten Staaten erst Ende 1973 wirklich ein«, entfacht durch eine »Vervierfachung der weltweiten Ölpreise bei gleichzeitig steil ansteigenden Preisen für einige Lebensmittel, die durch Knappheit verursacht wurden«. Weiter bemerkt er:

> »Als die Organisation erdölexportierender Länder (OPEC) die Ölpreise anhob, sagten einige Stimmen in den Vereinigten Staaten voraus, der Absatz werde rapide zurückgehen und die OPEC infolgedessen auseinanderbrechen. Als dies nicht geschah, sondern im Gegenteil nicht nur die OPEC-Länder, sondern alle internationalen Ölgesellschaften enorme Gewinne machten, beherzigten die Preisgestalter in anderen Branchen diese Lehre sehr rasch.«[20]

19 Slawson: The New Inflation, S. 104. Der kanadische Gewerkschaftsfunktionär und Autor Charles Levinson formulierte es 1971 so: »Wenn der Absatz zurückgeht, werden die Preise nicht etwa, wie in den Lehrbüchern behauptet, gesenkt, um ihn wieder zu steigern und so mehr einzunehmen, sondern der Einnahmeverlust wird auf dem niedrigeren Absatzniveau durch höhere Preise wettgemacht. Möglich ist dies aufgrund der allgemeinen Starrheit der meisten Konsumgüterpreise und der in der gesamten Industrie vorherrschenden Systeme von administrierten Preisen. In den USA, der am wenigsten kartellierten und vermutlich offensten Marktwirtschaft der Welt, werden 80 Prozent der Verbraucherpreise durch offene oder verdeckte Vereinbarungen geregelt. In Europa glaubt niemand an den Mythos des Preiswettbewerbs.« (Charles Levinson: Capital, Inflation, and the Multinationals, New York 1971, S. 214)

20 Slawson: The New Inflation, S. 146f. Eine interessante Version dieser Strategie war im China der 1990er-Jahre zu beobachten, als der offiziell beschlossene Übergang von zentralistisch festgelegten zu marktbestimmten Preisen das Problem einer umfassenden Deflation hervorrief. In Reaktion darauf »folgte die Regierung den

Natürlich werden im Zuge dieses Prozesses nicht alle Preise gleichzeitig angehoben. Bei Waren wie Erdöl, auf das die Weltwirtschaft zwingend angewiesen ist, fällt dies leichter als in manchen anderen Fällen. Namentlich die Löhne steigen langsamer als Verbrauchsgüterpreise, was die Profitabilität des Kapitals insgesamt fördert, indem es Einkommen von den Arbeitern an die Unternehmerklasse umverteilt. Diese Taktik lässt sich jedoch nicht endlos fortsetzen, weil die Arbeiter sich schließlich dagegen wehren werden, sodass mit der Zeit auch Lohnerhöhungen zur Steigerung des allgemeinen Preisniveaus beitragen. (Wie bereits bemerkt, sind die Arbeitskosten aus Sicht der Unternehmerschaft die entscheidende Ursache des Problems Inflation.)

Preissteigerungen bedeuten einen Wertverlust des Geldes, dessen Menge entsprechend ausgeweitet werden muss, damit die Nachfrage mit dem verteuerten Warenangebot Schritt halten kann. Diesem Erfordernis wurde nicht nur durch das stetige Wachstum der Staatsschulden, sondern auch durch eine gewaltige Zunahme der Privatkredite Rechnung getragen. Wie Duncan Foley knapp, aber klar erklärt:

> »Bei einem gegebenen Geldwert stehen die Geld- und Kreditmechanismen vor der Herausforderung, den Fluss der Warenkäufe und -verkäufe auf diesem Niveau zu gewährleisten. In modernen kapitalistischen Volkswirtschaften wird dieses Problem in erster Linie durch die Ausweitung und Einschränkung der Kreditvergabe gelöst. Die Kreditexpansion ergibt sich maßgeblich von selbst aus den privaten Transaktionen zwischen den kapitalistischen Unternehmen, deren Finanzierung in den meisten Fällen durch private Kredite erfolgt. Die gesetzliche Regulierung bestimmter Sektoren der Kreditmärkte, etwa die Mindest-

Forderungen zunehmend machtvoller staatlicher und privater Großunternehmen wie auch ihren eigenen Interessen, indem sie die Bildung und Durchsetzung von Preiskartellen durch Unternehmen, Verbände und Industrieministerien billigte und förderte«. Als bewusste Nachahmung von Praktiken in den USA, Europa und insbesondere Japan war dieser Versuch nur bedingt erfolgreich, was vor allem einem relativ niedrigen Grad der Kapitalkonzentration in der Industrie geschuldet war. (Scott Kennedy: The Price of Competition. Pricing Policies and the Struggle to Define China's Economic System, in: China Journal, 1/2003, S. 1–30, hier S. 2)

reserveanforderungen für amerikanische Geschäftsbanken, bestimmt, welcher Anteil des gesamten Kreditgeschäfts durch diese Sektoren fließt und welchen Preis die Banken beispielsweise für ihre Dienstleistungen bei der Kreditvergabe verlangen können.«[21]

Das keynesianisch geprägte Denken der Nachkriegszeit sorgte nicht nur dafür, dass die Geldmenge durch Staatsausgaben wuchs, sondern mehrere Jahrzehnte lang außerdem für niedrige Zinsen und eine lockere Geldpolitik. Aber wie Foley aufzeigt, ist die zunehmende Unabhängigkeit des Kredits von der durch die Zentralbanken erzeugten Geldmenge eine weitere wichtige Veränderung gegenüber der Situation vor dem Zweiten Weltkrieg. Die Ökonomen Moritz Schularick und Alan Taylor bemerken dazu:

»Unsere Vorfahren lebten in einem *Zeitalter des Geldes*, in dem der Kredit eng an das Geld gebunden war und die formale Analyse ihn daher annäherungsweise über das Geld erfassen konnte. Heute leben wir in einer anderen Welt, einem *Zeitalter des Kredits*: Finanzinnovationen und eine laxe Regulierung haben diese Verbindung aufgebrochen und eine beispiellose Steigerung der makroökonomischen Rolle des Kredits in Gang gesetzt.«[22]

Mit »Geld« meinen die Autoren hier die von staatlichen Behörden ausgegebenen Münzen und Scheine (Geldmenge M1) im Gegensatz zu den von Banken geschaffenen Einlagen (M2) und anderen Formen dessen, was sie »Kredit« nennen. Im Zeitalter des Geldes, grob von 1870 bis 1939, wuchs und verringerte sich der Umfang von Geld und Kredit im Gleichschritt und blieb in einem stabilen Verhältnis zum BIP; im Zeitalter des Kredits,

21 Duncan K. Foley: On Marx's Theory of Money, in: Social Concept, 1/1983, S. 5–19, hier S. 18.

22 Moritz Schularick/Alan Taylor: Credit Booms Gone Bust. Monetary Policy, Leverage Cycles, and Financial Crises, 1870–2008, in: American Economic Review, 2/2012, S. 1029–1061, hier S. 1058. Diesen Effekt haben wir bereits am Scheitern der monetaristischen Versuche beobachtet, den Umfang der Finanzmittel, die der Wirtschaft zur Verfügung stehen, durch die Regulierung der Geldschöpfung seitens der Fed zu steuern.

der Phase seit 1945, hat sich der Kredit rapide und vollkommen überproportional zur Geldschöpfung der Zentralbanken ausgeweitet, und zwar sowohl der Unternehmens- als auch der Verbraucherkredit. Er ermöglicht den Unternehmen einen kontinuierlichen Betrieb und weitere Expansion, während ihre Waren produziert, auf den Markt gebracht und verkauft werden. Er kann zunehmen, damit gestiegene Rohstoffpreise, Transportkosten und dergleichen bezahlt werden können. Ähnlich ermöglicht der Verbraucherkredit die Aufrechterhaltung oder Steigerung von Lebensstandards auch ohne nennenswerte Lohnzuwächse – und begünstigt dadurch höhere Preise bei Konsumgütern. (Die Verwendung von Kreditkarten hat eine schleichende Verteuerung zur Regel gemacht; nicht nur macht sie Preisänderungen weniger sichtbar, indem sie den tatsächlichen Zahlungszeitpunkt hinauszögert, sondern die Einzelhändler wälzen auch ihre Gebührenzahlungen an die Kreditkartenunternehmen auf die eigenen Kunden ab, die meistens selbst dann höhere Preise berappen müssen, wenn sie bar bezahlen.) Der Kauf auf Kredit kommt somit Preiserhöhungen der Anbieter entgegen, steigert die Kosten für die Verbraucher aber auch selbst, denn die gezahlten Zinsen sind de facto ein Teil des Preises. Im Fall von Immobilien können die Hypothekenzinsen die Kosten eines Hauskaufs ohne Weiteres verdoppeln. Dass ein Teil des Betrags an eine Bank und nicht an das Immobilienunternehmen fließt, ändert nichts an der Tatsache, dass ein Geldtransfer von den Verbrauchern zu den Kapitaleigentümern stattfindet. Besonders in den Vereinigten Staaten, wo Wohneigentum seit dem Zweiten Weltkrieg stark zugenommen hat, wurde die Inflation auch durch den steigenden Wert von Immobilien gefördert, da diese als Sicherheit für weitere Verbraucherkredite dienen. Wie die Ökonomen Michel Aglietta und André Orléan 1984 feststellten: »Die vom modernen Finanzsystem ermöglichte Kreditnachfrage der Privathaushalte, die zunächst wesentlich dafür war, Lebensstandards aufrechtzuerhalten, ist heute ein starker Inflationstreiber.«[23]

23 Michel Aglietta/André Orléan: La violence de la monnaie, Paris 1984, S. 252.

Neben dem von Banken geschöpften Kreditgeld kam es an der Schwelle zum 21. Jahrhundert zu einer zusätzlichen Ausweitung des Geldes (oder Quasi-Geldes) durch die Entwicklung des »Schattenbankwesens«. Der Begriff bezieht sich auf die Finanzgeschäfte sogenannter Nichtbanken – Repo-Fazilitäten, Hedgefonds, Renten- und Geldmarktfonds, Hypothekengesellschaften, verschiedene Arten von Anlagevehikeln, börsengehandelte Fonds und dergleichen –, die oft einen hohen Anteil an Fremdkapital aufweisen und die Geldmenge, die Kreditnehmern zur Verfügung steht, erheblich ausweiten. Viele dieser Unternehmen wurden aus Banken ausgegliedert, um die gesetzlichen Auflagen zu umgehen, denen die klassischen Kreditinstitute weiterhin unterliegen. Die Zunahme des »Schattengeldes« insbesondere durch Instrumente wie die Verbriefung, bei der bestehende Schulden mit verschiedener Ausfallsicherheit zu neuen Wertpapieren gebündelt werden, die je nach Risikograd unterschiedliche Renditen abwerfen, hat wesentlich zum Finanzkollaps von 2008 beigetragen (und schreitet gegenwärtig munter voran).[24]

Die Kreditausweitung war eine globale Geschichte: Die Daten von Schularick und Taylor stammen aus 14 großen kapitalistischen Wirtschaften. Es ist eine Geschichte nicht nur ständigen Wachstums, sondern auch von strukturellem Wandel, bei dem der Finanzsektor gegenüber Industrie und Handel mehr und mehr an Bedeutung gewonnen hat. Im Zuge dieser Entwicklung schuf die Kreditexpansion »eine Ära beispielloser finanzieller Risiken und Geschäfte mit Fremdkapital«, die zur Voraussetzung für weiteres Wirtschaftswachstum wurden.[25] Die nachlassende Profitabilität löste eine Suche nach renta-

24 Einen analytisch anspruchsvollen Überblick bieten Daniela Gabor/Jacob Vestergaard, Towards a Theory of Shadow Money, Institute for New Economic Thinking Working Paper, April 2016, unter www.ineteconomics.org. Bei Repo-Geschäften werden Wertpapiere wie etwa Staatsanleihen kurzfristig (beispielsweise über Nacht) gegen Bargeld mit dem Versprechen eingetauscht, sie zu einem bestimmten Zeitpunkt zurückzukaufen. In den USA wurden 2022 täglich zwei bis vier Billionen Dollar auf dem Repo-Markt gehandelt. Der Zusammenbruch von Lehman Brothers im Jahr 2008, ein Wendepunkt in der Finanzkrise, wurde dadurch ausgelöst, dass die Bank keinen Zugang zu Repo-Finanzierungen mehr hatte.

25 Schularick/Taylor: Credit Booms Gone Bust, S. 1031.

blen Investitionen jenseits der Industrie aus; die dank der Kreditausweitung verfügbaren Mittel wurden auf die Jagd nach kurzfristigen Gewinnen durch Finanzspekulation geschickt. Die Folge war eine Serie von Anlageblasen: Kreditfinanzierte Investitionen in Aktien, Immobilien, Rohstoffe (vor allem Öl und Metalle) und in neu erfundene Wertanlagen wie Kryptowährungen bescherten manchen Firmen schnelle, große Gewinne, gefolgt von riesigen Verlusten für andere. Dafür geradestehen mussten immer wieder die Zentralbanken. Als von 1986 bis 1995 ein Drittel der amerikanischen Sparkassen kollabierte, weil sie auf die falschen Immobilien gewettet hatten, oblag es der Fed, den Schlamassel wieder in Ordnung zu bringen; die Rechnung belief sich auf 160 Milliarden Dollar, von denen 132 Milliarden aus dem Steueraufkommen beglichen wurden. Die Bereitschaft von Zentralbanken, die Rolle des »Kreditgebers der letzten Instanz« zu spielen, bestärkte kommerzielle Kreditgeber und -nehmer natürlich in ihrer Neigung zu riskanten Geschäften, zumal

> »die wachsende Abhängigkeit des Bankensystems vom Zugang zu den Finanzmärkten mitunter zur Folge hatte, dass die Zentralbanken in zugespitzten Krisensituationen wie 2008/2009 für das gesamte Verleihgeschäft einstanden, um einen Zusammenbruch der Banken abzuwenden. Diese schleichende Ausweitung ihres Auftrags ergab sich aus dem Umstand, dass die Stabilität des Bankensystems nicht mehr allein durch Einlagensicherung gewährleistet werden kann, denn der Kreditgeber letzter Instanz muss nunmehr umfassende Anstürme auf die Banken eindämmen, die nicht nur die Einlagen betreffen.«[26]

Der Zusammenbruch der Silicon Valley Bank (die Nr. 16 in den USA) veranlasste die Federal Deposit Insurance Corporation Anfang 2023 entsprechend dazu, die gesetzliche Obergrenze von 250 000 Dollar zu ignorieren und kurzerhand sämtliche

26 Ebd., S. 1038.

Einlagen abzusichern. In China mussten die Banken, die de facto von der Regierung gesteuert werden, 2022 die Rolle des Kreditgebers letzter Instanz spielen und 56 Milliarden Dollar zur Stabilisierung eines kollabierenden Immobiliensektors aufbringen, der im Gefolge der Krise von 2008 durch günstige Kredite zu Bauprojekten im gesamten Land ermutigt worden war.[27] Eine weitere Dimension des Phänomens ist die Vergabe von Krediten an Staaten wie 1980 an Mexiko, um einen Zahlungsausfall bei bereits bestehenden Krediten abzuwenden. Im Falle Mexikos hätte dies das amerikanische Bankensystem, das einer der Hauptgläubiger war, in den Ruin getrieben.

In jüngster Zeit hat die Kompensation unzureichender Profitabilität durch eine Kreditausweitung die seltsame Form von sogenannten Zombie-Unternehmen angenommen, die geringe Gewinne oder sogar Verluste verzeichnen und nur dank ständiger Geldspritzen aus dem Markt für Schrottanleihen ein Scheinleben aufrechterhalten. 2020 machten solche Zombies »laut der Bank für Internationalen Zahlungsausgleich, der Bank für Zentralbanken, in den Vereinigten Staaten 16 Prozent und in Europa mehr als 10 Prozent aller börsennotierten Unternehmen aus«.[28] Die spektakulärsten Fälle solcher Unternehmen sind diejenigen, die bereits als Zombies auf die Welt kamen – etwa Uber und WeWork, deren Umsatzwachstum mit Kapitalverlusten in Milliardenhöhe einhergegangen ist und die nur durch immer weitere Kredite (von Nichtbanken wie dem saudischen Staatsfonds und dem Investmentfonds SoftBank) am Leben erhalten werden. Obwohl die Preise für die Fahrten mit Uber – subventioniert durch die ständigen Geldzuflüsse (und Druck auf die Löhne der Fahrer) – angehoben wurden, wirft das Unternehmen noch immer keinen Profit ab.

27 Eine interessante Analyse der inflationären Zyklen in China als Produkt des Machtkampfs zwischen politischen Fraktionen innerhalb der Kommunistischen Partei bietet Victor C. Shih: Factions and Finance in China. Elite Conflict and Inflation, Cambridge 2008. Ähnlich wie die Boomphasen im früheren europäischen und amerikanischen Kapitalismus erzeugen in China von der Partei gelenkte Investitionen ein Wachstum, das sich in Preiserhöhungen niederschlägt.

28 Ruchir Sharma: This Is How the Coronavirus Will Destroy the Economy, in: New York Times, 16.3.2020.

Ende 2019 hatte die Verschuldung von Unternehmen außerhalb des Finanzsektors einen historischen Rekordwert erreicht, was zum einen davon zeugt, dass sie nicht die für ihre Erfordernisse ausreichenden Profite erzielen können, und zum anderen von der Fähigkeit der Banken (und Nichtbanken), das nötige Geld zu schöpfen, um einen Zusammenbruch des Systems abzuwenden. Die globalen Finanztransaktionen sind seit den 1980er-Jahren auf das Vierfache des Werts der globalen Güterproduktion angewachsen; allein die chinesischen Unternehmen haben Schulden von 20 Billionen Dollar aufgehäuft. »In den Vereinigten Staaten hat sich die Schuldenlast der Firmen außerhalb des Finanzsektors vor dem Hintergrund eines jahrzehntelangen Zugangs zu billigem Geld von 3,2 Billionen Dollar im Jahr 2007 auf 6,6 Billionen Dollar im Jahr 2019 mehr als verdoppelt.«[29] Viele Unternehmen, die früher als Aktiengesellschaften organisiert waren, sind an Private-Equity-Firmen übergegangen, um sich der finanziellen Regulierung zu entziehen; 2020 beliefen sich die Schulden von Private-Equity-Firmen auf 600 Prozent der Jahresgewinne dieser Unternehmen. Solche Schulden stellen eine Wette auf zukünftige Profite dar, und zwar eine mit zweifelhaften Erfolgsaussichten: Selbst das offizielle Ratingsystem, das zu spekulativen Investitionen ermutigen soll, bewertete 51 Prozent der 2019 ausgegebenen Unternehmensanleihen mit BBB, dem niedrigsten Rating. 25 Prozent waren Schrottanleihen, die gar nicht mehr geratet wurden.[30] Vorerst jedoch bot all das zusätzliche Geld eine Alternative zu den deflationären Depressionen der Vergangenheit. Die Geldschöpfung durch Bankkredite und die zusätzliche Ausdehnung der Geldmenge durch Schattenbanken haben es ermöglicht, dass Inflation gewissermaßen zum Ersatz für die schwache Profitabilität des Gesamtsystems wurde, auch wenn die so erzeugten Blasen auf den Aktien-, Anleihe-, Immobi-

29 Joseph Baines/Sandy Brian Hager: Covid-19 and the Coming Corporate Debt Catastrophe, 13.3.2020, unter https://sbhager.com/covid-19-and-the-coming-corporate-debt-catastrophe.

30 OECD: Corporate Bond Debt Continues to Pile Up, 18.2.2020, unter https://web-archive.oecd.org/2020-02-18/545670-corporate-bond-debt-continues-to-pile-up.htm. Seitdem ist der Schuldenstand nur noch gestiegen.

lien- und sonstigen Anlagemärkten immer wieder Deflationen erfuhren.[31]

31 Den Ausdruck »zusätzliches Geld« übernehme ich in diesem Kontext aus einem außergewöhnlich klaren und anregenden Aufsatz: Michael De Vroey: Inflation. A Non-Monetarist Monetary Interpretation, in: Cambridge Journal of Economics, 4/1984, S. 381–399.

6 — Von der Großen Inflation zum Magischen Geld

Die Große Inflation in den Vereinigten Staaten der 1970er-Jahre beruhte auf den wachsenden Staatsausgaben für den Vietnamkrieg, zu denen sich ein gewaltiger Anstieg der zivilen Staatsausgaben sowie der Sozialleistungen im Namen der »Great Society« gesellte, obwohl die Johnson-Regierung 1964 auf Steuersenkungen beharrte. Im Gegensatz zur Zeit des Koreakrieges, als die Einführung von Preiskontrollen die Inflation etwas gedämpft hatte, wurde eine solche Maßnahme während des Vietnamkriegs gemieden – »trotz unübersehbarer Anzeichen von Hochkonjunktur wie etwa der höchsten Kapazitätsauslastung und der niedrigsten Arbeitslosigkeit seit dem Zweiten Weltkrieg«, was ab 1965 deutliche Preiserhöhungen förderte.[1] Während die Große Inflation gewöhnlich auf das Ende des Bretton-Woods-Systems 1971, die angeblich so ermöglichte Geldmengenausweitung und den ersten Ölpreisschock zurückgeführt wird, wurde sie in Wirklichkeit »durch Ereignisse ausgelöst, die mindestens ein halbes Jahrzehnt vor Präsident Nixons Aufhebung der Dollar-Gold-Konvertibilität im August 1971 und der Erhöhung der Ölpreise von 1973/74 lagen, mit der die OPEC auf den Jom-Kippur-Krieg und den Schwund ihrer realen Dollareinnahmen reagierte«.[2] Inflation ist keineswegs ein durch exzessive Staatsdefizite hervorgerufenes »monetäres Phänomen«. Wie eine Untersuchung der entwickelten kapitalistischen Länder zeigt, »hängt das Ausmaß, in dem ein Land verglichen mit anderen Nationen Inflation oder Preisstabilität erlebte, stark von der Leistungskraft ab, die es in der Weltwirtschaft über einen längeren Zeitraum verglichen mit anderen Nationen erreichte«. Länder wie Japan und Deutschland, die Leistungsbilanzüberschüsse

1 Cameron: Does Government Cause Inflation?, S. 264.

2 Ebd., S. 266.

erzielten, verzeichneten damals relativ geringe Preissteigerungen.[3]

So aufrichtig er auch an Milton Friedmans Theorien geglaubt haben mag, Fed-Präsident Paul Volcker muss klar gewesen sein, was seine Versuche, die Geldmenge einzuschränken, zur Folge haben würden: höhere Zinssätze und folglich eine Kreditverknappung in der Wirtschaft, die wiederum die Arbeitslosigkeit steigern und die Lohnzuwächse begrenzen musste, in denen wie üblich eine Hauptursache der Inflation gesehen wurde. Die Auswirkungen von Volckers Politik waren wie gezeigt in der Tat verheerend, und das nicht nur für die amerikanische Wirtschaft. Wenn es teurer wird, sich Geld zu leihen, nehmen Unternehmen und Haushalte weniger Kredite auf, was sich auf den Absatz und damit auf die Preise von Produktionsgütern ebenso direkt auswirkt wie auf die Löhne, mit denen Konsumgüter bezahlt werden. Wird es schwieriger, an Kredite zu kommen, sodass zum Beispiel wachsende Hypothekenkosten die Immobiliengeschäfte drosseln und Autokredite teurer werden, dann steigen die Preise im Durchschnitt nicht mehr oder fallen sogar.

Dass Volckers Bemühungen, eine solche Situation herbeizuführen, Erfolg hatten, wurde durch eine 1980 einsetzende Rezession der Weltwirtschaft begünstigt, die bis 1983 andauerte und rund um den Globus zu Pleitewellen und hoher Arbeitslosigkeit führte – ein Anzeichen dafür, dass noch andere Prozesse im Gange waren als jene, die der Glaube an den Monetarismus in den Vereinigten Staaten und Großbritannien ausgelöst hatte. Unterstrichen wurde dies durch das Unvermögen der geldpolitischen Reformen, neuen Wohlstand hervorzubringen. Wie der Publizist William Greider uns vergegenwärtigt:

> »Seit 1979 hatte Volcker regelmäßig prognostiziert, die Inflationsbekämpfung werde die langfristigen Investitionen in der amerikanischen Wirtschaft wieder in Schwung bringen. Das verbesserte Klima für die Kapitalbildung, erklärte er, werde zu stärkerem Produktivitätswachstum führen, was der Schlüssel

3 Ebd., S. 267–269.

> dafür sei, dass künftig alle höhere Einkommen erzielen. Darüber hinaus sollte der wieder gefestigte Wert des Dollar dem internationalen Finanzsystem Stabilität verleihen.
>
> In Wirklichkeit [...] lag die Zunahme des Outputs in den 1980er-Jahren rund ein Drittel unter dem realen Wirtschaftswachstum im vorherigen Jahrzehnt. Die Realeinkommen und die Zahl der neuen Arbeitsplätze wuchsen langsamer. Die bereits in den 1970er-Jahren beunruhigend schwachen Produktivitätszuwächse ließen weiter nach. Die Arbeitslosigkeit war durchweg höher als jemals zuvor.«[4]

Durch die Erhöhung der Zinssätze hatte Volcker die Schwäche der damaligen kapitalistischen Ökonomie offengelegt; sie warf nicht genügend Profit ab, sodass ihr Wachstum zumindest teilweise von Staatsausgaben und günstigen Krediten abhing. Die Inflation war an die Stelle der Rezession getreten; die Maßnahmen, die sie eindämmten, hatten zur Folge, dass die Rezession sich wieder stärker geltend machte.

Das monetaristische Experiment führte daher nicht zu einem Ende oder auch nur Nachlassen der Staatseingriffe in die Wirtschaft, sondern zu ihrer Neuausrichtung. So sehr Ronald Reagan öffentliche Ausgaben als ein Übel geißelte: Die Schwäche der kapitalistischen Ökonomie ließ es nicht zu, sie einzustellen – die Staatsschulden kletterten unter seiner Präsidentschaft sogar auf damals ungekannte Höhen. Was sich aber änderte, war der Charakter der Staatseingriffe. Sie zielten nicht mehr auf »maximale Beschäftigung« und Armutsbekämpfung, sondern subventionierten stattdessen ausgewählte Konzerne entweder direkt oder durch Privatisierungen, die vormals öffentliche Aufgaben wie Bildung, Gefängniswesen und selbst Kriegsführung in die Hände von profitorientierten Unternehmen legten. Rund um den Globus reagierten Regierungen auf den anhaltenden Niedergang der kapitalistischen Dynamik, indem sie die Ausgaben für Gesundheit, Wohlfahrt, Bildung und Arbeitslosenunterstützung kürzten – selbst die US-Militär-

4 Greider: Secrets of the Temple, S. 710.

ausgaben fielen von Mitte der 1980er-Jahre bis zur Jahrhundertwende signifikant –, während Steuersenkungen und Subventionen immer mehr Reichtum an eine kleine Schicht von Unternehmern umverteilten. Ähnlich haben sich die Eurostaaten auf Obergrenzen für Haushaltsdefizite und Staatsverschuldung verständigt, weil sie davon ausgehen, eine strenge Kontrolle der Fiskalpolitik schütze den Wert der gemeinsamen Währung und erhalte die Wirtschaftskraft der Eurozone aufrecht.

Der Höhepunkt der Privatisierungswelle kam mit dem Zusammenbruch der Sowjetunion 1989 und Russlands vollständiger Integration in die globale kapitalistische Ökonomie, der wenig später Chinas zügiges Vordringen auf die Weltmärkte folgte. Diese Entwicklungen gingen mit einer Lockerung der internationalen Handels- und Kapitalverkehrskontrollen einher, die dazu führte, dass die grenzüberschreitenden Bankkredite zwischen 1990 und 2007 von 27 auf 56 Prozent des globalen BIP stiegen. »Neoliberalismus« und »Globalisierung« haben zusammen eine neue Weltwirtschaftsordnung hervorgebracht, die sich zunehmend auf Finanzströme stützt.

Um ihre Profite zu steigern, verlagerten Unternehmen ihre Herstellung in Niedriglohnregionen in Asien, Mittelamerika und Osteuropa. Zusammen mit der wirtschaftlichen Expansion Chinas, Russlands, Indiens und anderer »Schwellenländer« senkte dies die Produktionskosten und trug so dazu bei, die Inflation seit den 1980er-Jahren niedrig zu halten. »Der entscheidende Mechanismus«, erklärte der Ökonom Kenneth Rogoff 2006 in einem Vortrag bei der Federal Reserve Bank von Kansas City,

> »besteht in stärkerem Wettbewerb, der die Macht nationaler Monopole und Gewerkschaften untergräbt. Stärkerer Wettbewerb trägt zu stärkerer Preis- und Lohnflexibilität bei und verringert die Produktionsgewinne, die sich durch eine expansive Geldpolitik [...] erzielen lassen.«[5]

5 Kenneth Rogoff: Impact of Globalization on Monetary Policy, in: Federal Reserve Bank of Kansas City (Hrsg.), The New Economic Geography. Effects and Policy Implications, Kansas City 2007, S. 269.

Rogoff bemerkte allerdings auch, dass die von der Globalisierung geförderte »Große Mäßigung« der Wirtschaftsindikatoren zwar einen »starken Rückgang der Volatilität der realen Produktion« mit sich brachte – wie bei Preisstabilität zu erwarten –, ebenso aber eine hohe »Volatilität der Preise von Vermögenswerten«, etwa von Aktien, Immobilien und Devisen.[6] Das war sehr hellsichtig, wie sich herausstellen sollte. Einerseits löste das Platzen der amerikanischen Immobilienblase ein Jahr nach Rogoffs Vortrag die Große Rezession von 2008 aus, die weltweit massive Eingriffe der staatlichen Wirtschaftsinstitutionen erforderlich machte. Andererseits führten diese Eingriffe nicht zu dem erwarteten Anstieg der Verbraucherpreisinflation.

Japan hatte eine Variante des Abschwungs, der sich nun weltweit anbahnte, bereits erlebt, nachdem dort in den späten 1980er-Jahren eine riesige Immobilienblase geplatzt war. Die maßgebliche Ursache seiner Schwierigkeiten lässt sich paradoxerweise gerade auf den Erfolg zurückführen, den das Land als industrielle Exportmacht verzeichnet. Um den Yen unterbewertet zu halten und so die eigenen Exporte zu fördern, wurden die dabei erwirtschafteten Dollars (und Beträge in anderen Währungen) nicht in Yen für Investitionen in Japan umgetauscht, sondern in Amerika und anderen Ländern angelegt. Während die Produktionskapazitäten nur wenig wuchsen, förderten die japanischen Finanzbehörden »in den 1980er-Jahren eine Ausweitung der Bankkredite, die das Wachstum der Realwirtschaft bei Weitem übertraf«, und damit die Entstehung von »zwei der größten Anlageblasen der Geschichte« auf dem Aktien- und dem Immobilienmarkt.[7] Als sie platzten, konnten die zuständigen Institutionen mit dem Herabdrücken der bereits niedrigen Zinsen unter Null wenig gegen den Abschwung ausrichten. Daher probierte die japanische Zentralbank unter dem Namen »ryoteki kanwa« (量的緩和, engl. Quantitative Easing, QE) ein Ankaufprogramm für

6 Ebd., S. 274.

7 Akio Mikuni/R. Taggart Murphy: Japan's Policy Trap. Dollars, Deflation, and the Crisis of Japanese Finance, Washington 2002, S. 33.

Wertpapiere aus: Indem sie Staatsanleihen, verbriefte Forderungen und Aktien kaufte, pumpte sie binnen vier Jahren 30 Billionen Yen (300 Milliarden Dollar) in das Bankensystem. Auf die von niedrigen Gewinnen und niedrigen Investitionen geprägte Binnenwirtschaft hatte QE wenig Effekt, zumal die Unternehmen das Geld lieber zur Tilgung ihrer Schulden als für weiteres Wachstum einsetzten. Die ab 1991 stetig steigenden Staatsausgaben für öffentliche Bauprojekte, soziale Sicherheit, lokale Steuersenkungen und den Schuldendienst hielten das BIP-Wachstum aufrecht, doch die Staatsverschuldung kletterte dabei zwischen 1991 und 2022 von 40 Prozent auf beinahe 220 Prozent des BIP.[8] Trotz der enormen geldpolitischen Lockerung und Konjunkturanreize blieben nicht nur die Verbraucherpreise und Löhne, sondern auch die Vermögenspreise niedrig, und die wachstumsschwache Wirtschaft rutschte in eine Deflation ab (eine weitere Widerlegung von Keynesianismus und Monetarismus zugleich).

Nach 2008 trug QE besonders in den Vereinigten Staaten dazu bei, dass die Finanzkrise nicht in eine Rezession und Deflation mündete. Im Gegensatz zur klassischen Defizitfinanzierung stammte das für QE verwendete Geld nicht aus einer höheren Besteuerung – was den Zweck konterkariert hätte, Unternehmen zu stützen – oder von den Kreditmärkten. Stattdessen folgten die Zentralbanken – im Falle der USA die Federal Reserve – dem japanischen Beispiel und weiteten ihre Verbindlichkeiten aus (sie »druckten Geld«, und sei es nur elektronisch), um von privaten Finanzinstituten Staatsanleihen und Schuldtitel wie etwa hypothekenbesicherte Wertpapiere zu kaufen.[9] Dadurch floss Geld in das Finanzsystem, das die zinstragenden Reserven der Banken erhöhte. Dass dieses Geld größtenteils in den Banken verblieb, deutet auf eine begrenzte Nachfrage nach Investitionsmitteln hin: Wie in früheren Jahrzehnten machte die schwache Profitabilität es

8 Central Government Debt, Total (% of GDP) for Japan, unter https://fred.stlouisfed.org/series/DEBTTLJPA188A.

9 Geld wurde in diesem Fall also nicht wie im Deutschland der 1920er-Jahre zur Abbezahlung, sondern zur Ausweitung der Staatsschulden gedruckt.

unattraktiv, in die Industrie zu investieren. Die niedrigen Zinsen, die die Renditen auf Anleihen niedrig hielten und zugleich deren Preise klettern ließen, trieben die Anleger auf die Aktienmärkte und erzeugten so eine internationale Hausse. Die Unternehmen kostete das alles im Grunde nichts, während die steigenden Wertpapierpreise vor allem einer Minderheit von Superreichen zugutekamen, die überproportional viele Aktien und Anleihen besitzt. Auf die Löhne hatte es kaum Auswirkungen: Sie stagnierten oder sanken weiter.

In derselben Dekade erlebten die Vereinigten Staaten ein Phänomen, das die Wirtschaftsjournalistin Annie Lowrey als »Krise der Lebenshaltungskosten« (*affordability crisis*) bezeichnet hat: »Familien wurden von Vermietern und den Geschäftsführern von Krankenhäusern, Universitäten und Kitas ausgeblutet.« (Ähnliches ließ sich damals auch über andere »entwickelte Volkswirtschaften« sagen.)

2020, noch bevor die offiziellen Inflationsraten in die Höhe schossen, bemerkte Lowrey:

> »Betrachtet man die Wirtschaft unter dem Gesichtspunkt der Lebenshaltungskosten, wird verständlicher, warum auch noch Jahre nach dem Ende der Großen Rezession rund zwei von fünf amerikanischen Erwachsenen große Schwierigkeiten hätten, in einem Notfall 400 Dollar aufzubringen. Es macht verständlicher, warum einer von fünf Erwachsenen seine monatlichen Rechnungen nicht vollständig begleichen kann. Es führt uns vor Augen, warum eine unerwartete Heizungsreparatur, ein Strafzettel für Falschparken, plötzliche Gerichts- oder Arztkosten derart viele amerikanische Familien in den Ruin treiben, obwohl dieses Land einen solchen Reichtum hervorgebracht hat. Nicht weniger als einer von drei Haushalten gilt als ›finanziell gefährdet‹.«[10]

10 Anne Lowrey: The Great Affordability Crisis Breaking America, in: The Atlantic, Februar 2020. Der Begriff der »finanziellen Gefährdung« und die genannte Schätzung stammen aus einer vom National Endowment for Financial Education finanzierten Studie der George Washington University: Financial Fragility in the U.S. Evidence and Implications, 2018, unter https://www.nefe.org/_images/research/Financial-Fragility/Financial-Fragility-Final-Report.pdf.

Die starke Verteuerung in den von Lowrey genannten Bereichen begrenzte die Spielräume für Preiserhöhungen bei Gütern des täglichen Bedarfs. Daher blieb die am Verbraucherpreisindex und ähnlichen Maßstäben gemessene Inflation vergleichsweise niedrig, während spekulative Vermögenswerte – Immobilien, Aktien, Kunst und sogar der Klassiker Gold – einen sagenhaften Preisauftrieb erlebten (der S&P-Index für Aktien beispielsweise stieg von 2009 bis 2020 um 650 Prozent).

Mit ihrem Fokus auf die Verbraucherpreise fragten sich die Experten in der Dekade nach 2010: »Warum bleibt die Inflation so niedrig?« Schließlich hätte die Ausweitung der Geldmenge nach ihren Annahmen desaströse Folgen für das Preissystem haben müssen. Ökonomen der Fed wiesen darauf hin, dass die ausbleibende Inflation »weltweit Beunruhigung auslöst«, da eine »sehr niedrige Inflation gewöhnlich mit der erhöhten Wahrscheinlichkeit eines Abgleitens in die Deflation verbunden wird [...], die mit einer schwachen Wirtschaft einhergeht«. Sie erwogen eine Reihe von möglichen Gründen dafür, dass sich keine Inflation einstellte, und kamen schließlich auf den Gedanken, »die neue Sharing Economy« – als Beispiel nannten sie die Airbnb-Unterkünfte für Touristen – und der »demografische Wandel« hin zu einer älteren Erwerbsbevölkerung seien wohl »die plausibelsten Erklärungen«.[11] Derweil gelangten Ökonomen am Centre for Economic Policy Research, die über »das Inflationsrätsel in der Eurozone« grübelten, 2019 zu dem Schluss, dass »der Rückgang der Inflation größtenteils auf langfristige Erwartungen zurückzuführen ist«.[12] Zwei Jahre später hatten sich diese Erwartungen, sofern es sie gegeben haben sollte, als falsch erwiesen. Weder die Sharing Economy noch der demografische Wandel waren verschwunden, als die Inflation 2021 mit lautem Getöse zurückkehrte.

11 Juan M. Sanchez/Hee Sung Kim: Why Is Inflation So Low?, Federal Reserve Bank of St. Louis Regional Economist, 2.2.2018, unter https://www.stlouisfed.org/publications/regional-economist/first-quarter-2018/why-inflation-so-low.

12 Thomas Hasenzagi u. a.: The Inflation Puzzle in the Euro Area – It's the Trend Not the Cycle!, 16.10.2019, unter https://cepr.org/voxeu/columns/inflation-puzzle-euro-area-its-trend-not-cycle.

Ein Grund für die niedrigen Inflationsraten in den 2010er-Jahren bestand darin, dass eine Rezession bereits unübersehbar im Anmarsch war, bevor die Corona-Pandemie die Weltwirtschaft in den Abgrund stürzte. Im letzten Quartal 2019 brach Japans BIP-Wachstumsrate um 6,3 Prozent auf minus 1,6 Prozent ein, während sie in Deutschland – immerhin die viertgrößte Wirtschaft der Welt – auf null fiel; Europa insgesamt brachte es 2019 nur noch auf 1,1 Prozent. Unter den ökonomisch stärkeren Ländern verzeichnete China mit 6 Prozent die niedrigste Wachstumsrate seit dreißig Jahren, und die USA, wo sie im letzten Quartal schließlich stagnierte, mit 2,3 Prozent die niedrigste seit 2016.[13]

Als die Pandemie ausbrach, reagierten die Regierungen – trotz jahrzehntelanger Warnungen unvorbereitet auf einen solchen Notfall – mit Kontaktbeschränkungen, um die Infektionsraten zu senken, und versetzten so die Wirtschaft in ein künstliches Koma. Eine endlose Serie von Unternehmenspleiten führte zu Massenarbeitslosigkeit in einem Ausmaß, das sich mit den Zeiten der Großen Depression messen konnte; der mit dem wirtschaftlichen Einbruch einhergehende rapide Wertverlust von Aktien und Anleihen löschte Renten und Notgroschen aus und riss einen Teil der Hedgefonds mit in den Abgrund. Die Federal Reserve wurde umgehend aktiv, um die Aktienkurse zu stützen, und rund um die Welt pumpten die Regierungen Billionen von Dollar in Transferleistungen und andere Formen der Konjunkturstützung (wovon das Gros selbstredend an Unternehmen floss). Selbst inmitten dieser schweren Wirtschaftskrise äußerten manche Politikberater die Befürchtung, eine solche Erhöhung der Staatsausgaben werde zu unkontrollierter Inflation führen. Andere Stimmen verwiesen dagegen auf die Erfahrungen mit den Rettungsaktionen ab 2008, um die Gefahr herunterzuspielen; mittlerweile gewöhnt an eine niedrige Inflation, taten Ökonomen und Politiker die

13 Phillip Inman: Japan's Economy Heading for Recession, and Germany Wobbles, in: The Guardian, 17.2.2020; U.S. Economic Growth Flat in Final Three Months of 2019, CBS News Update, 30.1.2020. Auch diese Daten sind *cum grano salis* zu betrachten, aber sie zeigen bestimmte Trends an.

Beunruhigung über wachsende Staatsdefizite kurzerhand als gegenstandslos ab. Wenn überhaupt, bestand die Gefahr einer Deflation. Schließlich wäre die Alternative zu diesem Kurs ohne Frage eine globale Wirtschaftskatastrophe gewesen. Dennoch konnten Politiker in den Vereinigten Staaten, die das von der Regierung Biden vorgeschlagene billionenschwere »Build Back Better«-Gesetz ablehnten, mit Erfolg auf das ungebremst wachsende Defizit verweisen, was nichts daran änderte, dass weiterhin Gelder in das Finanzsystem flossen.

Nach einem Jahr Corona-Lockdown hatte die Unternehmerklasse offenbar beschlossen, dass es nun langte. Pandemie hin oder her, und wie viele Kranke und Tote es auch bedeuten mochte: Die Leute mussten wieder an die Arbeit und die Firmen wieder Geld verdienen. In den USA wurden die Corona-Zulagen beim Arbeitslosen- und Kindergeld sowie die bescheidene »Heldenprämie« für »systemrelevante Arbeiter« eingestellt. Auch anderswo liefen Sonderprogramme zur Konjunkturstützung aus. Als die Wirtschaft wieder »öffnete«, wurden gleichzeitig mehr Arbeitskräfte eingestellt; in der Zwischenzeit hatten viele dank der Corona-Hilfen und des Lockdowns, in dem weniger Möglichkeiten zum Geldausgeben bestanden, ihre Ersparnisse aufstocken können. Eine Folge dessen war es, dass die Ausgaben zu einem Zeitpunkt steil anstiegen, als das Angebot recht begrenzt und die Lieferketten überlastet waren, was Firmen die Gelegenheit gab, das verlorene Jahr wettzumachen. Besonders den Anstieg der Energiepreise (die während des Lockdowns drastisch gesunken waren) sowie der Großhandelspreise und Transportkosten gaben sie an die Verbraucher weiter, wodurch die Inflationszahlen deutlich in die Höhe gingen.

Als ein am 29. Oktober 2021 veröffentlichter Arbeitskostenindex zeigte, dass Löhne und Sozialleistungen (vor allem am unteren Ende der Skala) schneller wuchsen als erwartet, spielte die Federal Reserve die Bedeutung der steigenden Preise nicht länger herunter. Auch wenn die Löhne wie üblich hinter den Preisen zurückblieben, genügte dieser statistische Befund, um erneut Ängste vor einer Lohn-Preis-Spirale zu wecken, die angeblich für die Inflation in den 1970er-Jahren verantwortlich gewesen war. Die Folge: »Manager haben im letzten Quartal unermüdlich vor höheren Löhnen und Transportkosten gewarnt.« Der glückliche Ausgang: »Letztlich konnten viele Unternehmen ihre Preise im Umfang der Kostensteigerungen oder sogar noch weiter anheben. [...] Trotz der höchsten Inflation seit Jahrzehnten [sic] wird daher erwartet, dass die ausgewiesenen Gewinnmargen hoch ausfallen – und weiter steigen werden.«[14]

Sonderbar an der Diskussion in den Medien wie unter Wirtschaftswissenschaftlern ist nicht zuletzt, wie die Inflation zu einer selbstständigen Kraft hypostasiert wird. Die Federal Reserve, heißt es, befinde sich in einem »Ringen mit der Inflation«; inflationäre Kräfte »treiben die Preise in die Höhe«. In Wirklichkeit ist sie wie gezeigt das Ergebnis wirtschaftlicher Entscheidungen, namentlich von Entscheidungen, die Preise zu erhöhen, was gegenwärtig oft mit einer bewussten Begrenzung des Angebots einhergeht, um wettbewerbsorientierte Preissenkungen zu verhindern. Ein inflationärer Prozess ist ein Kampf um die Kontrolle über die gesellschaftlichen Ressourcen, wie Aglietta und Orléan bereits im Titel ihres Buches andeuten, der Geld mit Gewalt verbindet.[15] Darin heißt es etwa,

> »dass die deutsche Hyperinflation der frühen 1920er-Jahre aus dem erfolgreichen Bemühen der herrschenden Klassen resultierte, jegliche Beschneidung ihres Reichtums [zwecks Tilgung der Staatsschulden] zu verhindern. Dies gelang ihnen durch einen massiven Kapitalexport, aber auch durch ihre, gelinde gesagt, fahrlässige Einstellung gegenüber der Inflation.«

Solche Faktoren erklären auch, wie die Inflation durch die Währungsreform, mit der die Rentenmark eingeführt wurde, »von einem Tag auf den anderen« beendet werden konnte: Als die SPD aus der Regierung ausschied, »bildete sich in den herr-

14 Stephen Gandel: What to Expect as Corporate Giants Report Earnings for Fourth Quarter, in: New York Times, 14.1.2022.

15 Aglietta/Orléan: La violence de la monnaie.

schenden Schichten die Übereinkunft heraus, die spekulative Geldschöpfung zu beenden«.[16]

Unternehmen gestalten ihre Preise heute zwar in Reaktion auf einen Trend – den Rückgang der Profitabilität –, den sie mit Sicherheit nicht beabsichtigt haben, und vor dem Hintergrund der unverrückbaren politischen Maßgabe, dass es eine weitere Große Depression zu vermeiden gilt. Auch unter diesen Bedingungen aber sind Preiserhöhungen eine Wettbewerbsstrategie, für die sie sich unter mehreren Alternativen entscheiden. Entgegen der Verblüffung der Ökonomen sind die Triebkräfte der jüngsten Preissteigerungen nicht so schwer zu verstehen. Weniger leicht begreiflich ist dagegen, wie man von den Ursachen der Inflation – selbst den von offizieller Seite angeführten – zum allgemein anerkannten Gegengift gelangt, nämlich der Anhebung der Leitzinsen durch die Zentralbanken.

Das Gespenst des Paul Volcker

Um 2022 lautete die offizielle Erzählung, die Inflation, verursacht durch das Ungleichgewicht zwischen staatlich angekurbelter Nachfrage und einem durch strapazierte Lieferketten und den Ukraine-Krieg begrenztem Angebot, schade der Wirtschaft und presse besonders die Lohnabhängigen aus, die immer wieder als Objekt der liebevollen Fürsorge von Zentralbankern dargestellt werden. (Der Gipfel in dieser Hinsicht war wohl eine 2021 in der *Washington Post* erschienene Story darüber, wie sehr den Fed-Präsidenten das Los der Obdachlosen in Washington bedrücke: »Die in diesen Zelten lebenden Menschen ahnten nicht, dass ihre rasch wachsende Siedlung jenem Mann, dem Federal-Reserve-Präsidenten Jerome H. Powell, schlaflose Nächte bereitet und er sie nicht aus dem Kopf bekommt, wenn er in sein Büro zwei Blocks weiter südlich fährt.«[17]) Und so sol-

16 Ebd., S. 190f., 220. Um zu unterstreichen, dass die Quantitätstheorie dieses Ereignis nicht zu erklären vermag, halten die Autoren fest, wie »diametral es den traditionellen Rezepten zur Überwindung von Inflation widerspricht – Einschränkung der Geldmenge, Drosselung der Nachfrage, Verbesserung der Handelsbilanz. Was geschah, war das exakte Gegenteil«. (S. 218)

17 Rachel Siegel: Two Blocks from the Federal Reserve, a Growing Encampment of the Homeless Grips the Economy's Most Powerful Person, in: Washington Post, 17.4.2021.

len die Fed und andere Zentralbanken die Inflation bekämpfen, indem sie das Wirtschaftswachstum bremsen, den Absatz schwächen und mit der Zahl der Unternehmenspleiten auch die der Arbeitslosen (und gewiss der Obdachlosen) in die Höhe treiben. Da sowohl Arbeiter wie Unternehmer dann über weniger Geld verfügen, so der Gedanke dabei, werde die Gesamtnachfrage nach Gütern sinken, und sobald sie wieder besser dem Angebot entspricht, fallen die Preise. Der offenkundige Widerspruch wird gewöhnlich durch die Behauptung gelöst, eine kurze für die Arbeiterklasse schmerzhafte Phase werde später eine robuste Wirtschaft mit mehr und besser bezahlten Jobs schaffen.

Neu ist diese Erzählung nicht: In wem er sein Vorbild sieht, gab Jerome Powell zu erkennen, als er Paul Volcker »den bedeutendsten wirtschaftspolitischen Staatsdiener seiner Ära« nannte.[18] So wie die Inflation vor fünfzig Jahren auf die Macht der Gewerkschaften und zu hohe Staatsausgaben zurückgeführt wurde, machen Unternehmer und Ökonomen heute in den zaghaften Anfängen eines Widerstands der Arbeiter, die ein halbes Jahrhundert unerbittlicher Angriffe auf die Löhne bislang kaum wettmachen konnten, die Gefahr einer künftig galoppierenden Inflation aus. »Das ist ein Risiko, das wir einfach nicht eingehen können«, erklärte Powell, der den Arbeitsmarkt als »überhitzt« betrachtet, auf einer Pressekonferenz im Mai 2022. »Wir können nicht zulassen, dass es zu einer Lohn-Preis-Spirale kommt.«[19]

Warum kann das Problem nicht durch eine Ausweitung des Angebots gelöst werden, anstatt die Nachfrage zu schwächen? Zum einen wäre dies nicht umsonst zu haben: Um beispielsweise das Ölangebot zu erhöhen, müssten Bohrungen durchgeführt, Raffinerien wiedereröffnet und zusätzliche Arbeiter eingestellt werden. Das alles würde Geld kosten, was nur durch

18 »›Ich kannte Paul Volcker‹, sagte Powell bei einer Anhörung vor dem Kongress diesen Monat. ›Ich betrachte ihn als einen der bedeutendsten, ja als den bedeutendsten wirtschaftspolitischen Staatsdiener seiner Ära.‹« (New York Times, 14.3.2022)

19 Ben Casselman: Making Sense of an Economy Running Hot, in: New York Times, 3.6.2022.

höhere zukünftige Erträge zu rechtfertigen wäre. Wie die *New York Times* am 27. April 2022 schrieb: »Der Hauptgrund dafür, dass die Ölproduktion nicht steigt, ist die Ungewissheit von US-Energieunternehmen und Wall-Street-Investoren, ob die Preise lange genug hoch bleiben werden, um mit etlichen neuen Bohrlöchern Gewinne zu erzielen.« Aus denselben Gründen zeigen auch die Saudis kein Interesse daran, das Angebot zu steigern. Infolgedessen ging die Produktion so stark zurück, dass etliche amerikanische Raffinerien schließen mussten. Das texanische Unternehmen ExxonMobil gab im Dezember 2022 bekannt, Vorrang habe es, »die Gewinne aus den gestiegenen Preisen an die Investoren auszuschütten, anstatt sie auf neue Bohrungen zu verwenden«.[20]

Ein ähnliches Bild ergibt sich für andere Güter, bei denen einige wenige Konzerne den Markt kontrollieren und entsprechend einfach die Preise festlegen können – etwa für Fleisch, Eier, Fast Food und viele weitere Artikel, deren Verteuerung die Konsumenten plagt. »Lebensmittelunternehmen sind zwar ein prominentes Beispiel dafür, wie schnell die Inflation von den Anbietern an die Verbraucher weitergereicht wird«, bemerkte die *New York Times* im November 2022,

> »aber derselbe Trend zeigt sich in sehr vielen Branchen. Manager von Banken, Fluggesellschaften, Hotels, Konsumgüterherstellern und anderen Unternehmen haben erklärt, die Verbraucher hätten Geld zur Verfügung und könnten mit höheren Preisen leben.«[21]

Die steigenden Mieten werden meistens auf einen Mangel an Wohnraum zurückgeführt, aber stärker ins Gewicht fällt der Aufkauf von Wohnungsbeständen durch internationale Risikokapitalgesellschaften, die durch horrende Mietpreise schnelle Gewinne machen wollen. Das ist ohne Frage eine bes-

20 Justin Jacobs: ExxonMobil Swells Buybacks to $50bn Despite Rebuke over War-Fuelled Profits, in: Financial Times, 9.12.2022.

21 Isabella Simonetti/Julie Cresswell: Rocketing Prices of Food Elevate Company Profits, in: New York Times, 2.11.2022.

sere Verwendung des Geldes als der Bau von Wohnungen für Einkommensschwache. Grundsätzlich gilt: Wenn die Unternehmen höhere Profite erzielen könnten, indem sie die Produktion ausweiten, würden sie dies bereits tun und ihr Geld nicht in Offshore- und Nichtbanken parken, es als Dividende an ihre Investoren ausschütten oder in spekulative Geschäfte wie den Aufkauf von Immobilien in aller Welt stecken. Derweil verdienen Unternehmen, die während der Corona-Rezession Einbußen verzeichneten, unter den veränderten Umständen wieder Geld. Alle wollen die Inflation beenden, aber niemand will seine Profite schmälern, indem er mehr produziert und billiger verkauft.

Die offizielle Begründung dafür, warum man die Nachfrage drosseln müsse, anstatt das Angebot zu vergrößern, beruht auf wirtschaftswissenschaftlichen Prämissen, die näher betrachtet wenig mit den in den Zeitungen nachzulesenden realen Ereignissen zu tun haben. Um das gleichzeitige Auftreten von Arbeitslosigkeit und Inflation in den 1970er-Jahren zu verstehen, entwickelten Ökonomen den Gedanken einer »inflationsneutralen Arbeitslosenquote« (Non-Accelerating Inflation Rate of Unemployment, NAIRU): Sie bezeichnet die Marke, die bestehen kann, ohne die Inflation zu steigern.[22] Dieses Konzept, das auf Milton Friedmans Vorstellung einer »natürlichen Arbeitslosenquote« zurückgeht (auch wenn ihre Erfinder sein Verständnis von Inflation als ein primär monetäres Phänomen scharf zurückwiesen[23]), leitet die Fed heute in ihrer Geldpoli-

22 Erfunden wurde das Konzept 1975 von Franco Modigliani und Lucas Papademos als NIRU (Non-Inflationary Rate of Unemployment). Siehe Franco Modigliani/Lucas Papademos: Targets for Monetary Policy in the Coming Year, Brookings Papers on Economic Activity 1/1975, Washington 1975, S. 141–165.

23 Wie Modigliani und Papademos mit Nachdruck erklärten: »Sucht man nach direkten Korrelationen zwischen Geldmengenwachstum und Inflation, dann finden sich nicht einmal die einfachsten Beziehungen. Jahr für Jahr zeigen die Beschleunigung (oder Verlangsamung) der Inflation einerseits und des Geldmengenwachstums andererseits keine positive Beziehung. In der Phase nach dem Koreakrieg haben sich die beiden Variablen häufiger gegenläufig als in dieselbe Richtung bewegt, und ihre Korrelation im Zeitraum 1953–1971 ist etwa gleich Null. Auch wenn man davon ausgeht, dass die Preise der Geldmenge mit einjähriger Verzögerung folgen, ändert sich das Ergebnis kaum: Die Korrelation beträgt selbst dann nur 0,08 und in neun von 21 Jahren geht die Bewegung in die ›falsche Richtung‹.« (Ebd., S. 160)

tik, wobei das in den Nachkriegsdekaden verfolgte Ziel der Vollbeschäftigung längst aufgegeben wurde. Die aus der neoklassischen Theorie hervorgegangene NAIRU lässt sich nicht direkt beobachten, sondern nur – sofern die Theorie zutrifft – aus der Bewegung von Löhnen und Preisen bei steigender Arbeitslosigkeit ableiten. 2019 räumte Fed-Präsident Powell ein: »Seit 2012 hatte die sinkende Arbeitslosigkeit erstaunlich geringe Auswirkungen auf die Inflation«, sodass die Schätzungen ihrer natürlichen Quote »immer niedriger angesetzt wurden«.[24] Dennoch erklärte er bei einer Anhörung vor dem Kongress: »Wir brauchen das Konzept einer natürlichen Arbeitslosenquote. [...] Wir brauchen ein Gefühl dafür, ob die Arbeitslosigkeit hoch, niedrig oder genau richtig ist.«[25] In Wirklichkeit gibt es keinerlei Beleg dafür, dass eine Größe wie die NAIRU existiert; da selbst ihre Verfechter davon ausgehen, dass sich das Verhältnis zwischen Inflation und Arbeitslosigkeit mit der Zeit ändert, lässt sich die Theorie nicht direkt empirisch überprüfen. Nichtsdestotrotz steht der Gedanke der NAIRU hinter der Hoffnung, im Kampf gegen die Inflation könne die Fed eine »sanfte Landung« vollbringen – die Zinssätze also genau so weit anheben, dass die Inflation beendet wird, ohne damit eine »ernsthafte« Rezession auszulösen, womit die Arbeitslosenquote »genau richtig« wäre.

Eine der faszinierendsten (und einflussreichsten) Auseinandersetzungen mit dem Thema Inflation stützt sich allerdings in keiner Weise auf die Annahme einer solchen »natürlichen« Quote: Der Jahreswirtschaftsbericht 2022 der Bank für internationalen Zahlungsausgleich (BIZ, auch als Bank der Zentralbanken bekannt), in dem ökonomische Theorie auch sonst kaum eine Rolle spielt. Er ist dem Ziel verpflichtet, zu einem Zeitpunkt, an dem die von Corona-Pandemie und Ukraine-Krieg gebeutelte Weltökonomie »keine Atempause bekommt«, die »globale währungspolitische und finanzielle Stabilität zu

24 Jerome Powell: Challenges for Monetary Policy, Vortrag auf einem Symposium der Federal Reserve Bank of Kansas City, Jackson Hole (Wyoming), 23.8.2019, https://www.federalreserve.gov/newsevents/speech/powell20190823a.htm.

25 Zit. n. Kelton: Der Defizit-Mythos, S. 66.

fördern«.[26] Die Situation erinnere zwar an die 1970er-Jahre, heißt es darin, aber neu sei, dass die hohe Inflation mit einer Rekordverschuldung – von Unternehmen, Haushalten und Staaten – sowie hohen Vermögenspreisen einhergehe. Folgt man der Analyse der Bank, dann besteht das grundlegende Problem im weltweit niedrigen Wachstum. Laut der BIZ gebremst durch die Inflation, werde dessen Wiederbelebung es letztendlich erfordern, »wachstumsfördernde Ausgaben, insbesondere Investitionen, und Reformen auf der Angebotsseite wieder in Gang zu bringen«.[27] Einstweilen sei es aber entscheidend, die Mechanik der Inflation zu verstehen – »unter die Kühlerhaube zu schauen«, wie die Bank schreibt –, um zu erkennen, wie man den Motor der Wirtschaft einstellen sollte.

Bei ihrem Blick unter die Motorhaube unterscheiden die Autoren zwischen einer niedrigen Inflation in Form von relativen Preisveränderungen und der »eigentlichen Inflation«, die dann entstehe, wenn diese Änderungen sich gegenseitig beeinflussen und gemeinsam nach oben fortsetzen. Während »die jüngste Verbreiterung des inflationären Drucks dafür spricht, dass viele Firmen größere Preissetzungsmacht haben als vor der Pandemie«, setze der Übergang von »niedriger« zu »anhaltender« Inflation »letztlich ein sich selbst verstärkendes Wechselspiel zwischen Preis- und Lohnerhöhungen voraus«. Preiserhöhungen könnten nicht andauern, ohne dieses Wechselspiel auszulösen, denn »die Gewinnmargen und Reallöhne können nicht unendlich fallen«[28]; um wie viel schneller als die Löhne die Preise steigen können, bevor das Leben für die Lohnabhängigen unzumutbar wird, untersucht der Bericht nicht. Auf der anderen Seite gilt: »Sobald Lohn-Preis-Spiralen einmal einsetzen, entwickeln sie eine Beharrungskraft, die schwer aufzubrechen ist« – es sei denn durch eine Geldpolitik, die eine höhere Arbeitslosigkeit durchsetzt. »Eine entscheidende Her-

26 Bank for International Settlements, Annual Economic Report, June 2022, S. 28, unter https://www.bis.org/publ/arpdf/ar2022e.htm.

27 Ebd., S. 28. Wie der tautologische Charakter dieses Gedankens nahelegt, wäre es treffender zu sagen, dass niedriges Wachstum eine Ursache der Inflation ist.

28 Ebd., S. 46.

ausforderung für die Zentralbanken besteht folglich darin, den Übergang von niedriger zu hoher Inflation von vornherein zu verhindern – die Inflation also im Keim zu ersticken.«[29] Mit anderen Worten: Wenn kurzfristig keinerlei Aussicht auf mehr Investitionen und ein vergrößertes Angebot besteht, gilt selbst ohne deutliche Reallohnsteigerungen, dass »eine unverzügliche geldpolitische Reaktion geboten ist«, die die Nachfrage durch eine gezielt herbeigeführte Rezession schwächt, zumal »wir uns möglicherweise auf einen Kipppunkt zubewegen«.[30] Laut der BIZ besteht die Gefahr, dass »Arbeitnehmer mit dem Auslaufen der geltenden Tarifvereinbarungen stärkere Lohnzuwächse fordern. In manchen Ländern konnten sie bereits Klauseln zur Lohnindexierung durchsetzen, um sich künftig gegen unerwartete Inflationsschübe abzusichern.«[31] Steigen die Löhne, müssen aber auch die Preise steigen, wenn die Profitabilität gewahrt werden soll. Wie Jerome Powell befürchtet die BIZ daher eine mögliche Lohn-Preis-Spirale.

Die sinkenden Lebensstandards in der Arbeiterklasse – neben den boomenden Vermögenspreisen die Grundlage des extremen Einkommens- und Wohlstandsgefälles, das in den letzten Jahrzehnten entstanden ist – stoßen tatsächlich rund um die Welt allmählich auf eine gewisse Reaktion: Es gibt gewisse Kampagnen für gewerkschaftliche Organisierung, die Streikbewegungen werden stärker und eine erstaunlich große Zahl von Lohnabhängigen hat sich angesichts mieser Arbeitsbedingungen und Löhne, die nicht zum Leben reichen, ganz vom Arbeitsmarkt zurückgezogen. Wittert die BIZ vor dem Hintergrund niedrigen oder ganz ausbleibenden Wachstums, der zunehmenden ökonomischen und folglich auch politischen Konflikte sowie nicht zuletzt der eskalierenden Klimakatastrophe die Gefahr, dass die Unternehmer die Oberhand über die Beschäftigten verlieren? In jedem Fall behandelt sie die Inflation mitnichten als ein primär monetäres Problem, das durch währungspolitische Weichenstellungen zu lösen

29 Ebd., S. 61.

30 Ebd., S. 63, xi.

31 Ebd., S. 14.

wäre, die die theoretisch ermittelten natürlichen Zinssätze und Arbeitslosenquoten und somit das Gleichgewicht von Angebot und Nachfrage wiederherstellen, durch das sich die Marktwirtschaft angeblich normalerweise auszeichnet. Die Inflation ist vielmehr Ausdruck eines Kampfes zwischen den Unternehmen, die ihre Preissetzungsmacht aufbieten, um das Profitniveau zu halten, und den Lohnabhängigen, die dank eines jahrzehntelangen Neoliberalismus strukturell im Nachteil sind, kaum eine Vorstellung von der Möglichkeit einer anderen Gesellschaft haben und gerade erst anfangen, sich dagegen zu wehren, dass die Misserfolge des Kapitalismus auf ihre Schultern abgewälzt werden. Sie ist ein Kampf um die Frage, in wessen Hände das Sozialprodukt fließt, doch ohne eine deutliche Zunahme der Investitionen kann der Anteil der Profite an ihm nur durch eine Senkung der Reallöhne gesteigert werden.

Geld und Gewalt

Unterdessen ist der beruhigende Gedanke eines Magischen Geldes – in den Worten des Wirtschaftsjournalisten Sebastian Mallabys »die in den späten 1990er-Jahren aufgekommene Erwartung, die Fed werde praktisch jegliche Erschütterung abfedern, die die Wirtschaft treffen könnte« – der allgemeinen Einigkeit darüber gewichen, dass »die Fed [und andere Zentralbanken] möglicherweise eine straffere Geldpolitik als im vergangenen Vierteljahrhundert verfolgen muss«.[32] Auch wenn jeglicher theoretische Konsens über die Grenzen von Staatsverschuldung und Kreditausweitung durch die Banken (und Nichtbanken) verschwunden ist, hält sich unter Ökonomen und Politikern der Verdacht, dass man nicht einfach unbegrenzt Geld verteilen kann, ohne damit irgendwelche Probleme zu erzeugen. So realitätsfremd die Wirtschaftstheorie namentlich mit Blick auf das Wesen des Geldes ist, kann sich dieser Verdacht doch auf die Tatsache stützen, dass das Finanzsystem, dem die Bemühungen von Politik und Zentralbanken überwiegend gelten, Teil einer Ökonomie ist, die

32 Sebastian Mallaby: The End of Magic Money. Inflation and the Future of Economic Stimulus, in: Foreign Affairs, 11.7.2022.

fortlaufend materielle Güter und Dienstleistungen produzieren und die dadurch ermöglichten Profite »realisieren«, also in Geld verwandeln muss. Die Zentralbanken können zwar die massiven Wertverluste von Aktien und Anleihen, die bei den regelmäßigen Crashs eintreten, kompensieren, aber die kapitalistische Gesellschaft kann nicht ohne eine solche Produktion fortbestehen, die Profite abwirft, deren Reinvestition in Betriebsgebäude, Maschinen und Arbeitskraft noch mehr Wert und Profit generiert. »Realwirtschaft« und Geld sind, um es nochmals zu betonen, unauflöslich miteinander verbundene Aspekte ein und desselben Systems. Finanzinstrumente stellen Ansprüche auf zukünftige Profite dar; um diese Ansprüche einzulösen, müssen Güter hergestellt und verkauft werden. Verdienen Kapitalisten nicht genug Geld, um ihre Arbeiter so zu bezahlen, dass sie sich zum Beispiel ihre Mieten oder die Tilgung ihres Hauskredits leisten können, dann werden Hypothekenanleihen und Risikokapitalinvestitionen in Immobilien keinen Gewinn abwerfen. Die Immobilien werden – wie 2008 – einen Preiseinbruch erleben, und das in sie investierte Geld ist verbrannt.

In jeder Phase der Hochkonjunktur wird der Kredit über den Punkt hinaus ausgedehnt, an dem seine Rückzahlung durch die Profitproduktion noch gedeckt ist – besonders wenn die Profitrate, wie Marx argumentiert, tendenziell fällt. Aus diesem Grund nehmen Konjunkturabschwünge die Erscheinungsform von Banken- und Börsencrashs sowie von plötzlich unverkäuflichen Gütern und überschüssigen Arbeitskräften an. Die Ausweitung der schuldenfinanzierten Staatsausgaben und der privaten Schöpfung von Kreditgeld nach dem Zweiten Weltkrieg hat das zyklische Muster dieses weitgehend unveränderlichen Prozesses überlagert und dabei den Kapitalismus zu einer Art Schneeballsystem gemacht. Das zeigt sich sowohl im unaufhaltsamen Wachstum der Staatsschulden nach 1945 wie auch in den beständig wiederkehrenden Geld-, Banken- und Wertpapierkrisen.

Um dies an einem kleinen Beispiel zu illustrieren: Wer auch immer gerade zum »reichsten Menschen der Welt« erklärt wird, besitzt vor allem ein Finanzvermögen, das stark durch die Aktienpreise bestimmt ist. Diese Preise wiederum bewegen sich in erheblichem Maße unabhängig von der zugrunde liegenden Wertproduktivität der Unternehmen, die die Aktien ausgeben; in ihnen drücken sich die Vermutungen von Investoren über ihre künftige Höhe sowie eine Reihe weniger rationaler Faktoren aus (weshalb Marx sie in Anlehnung an einen englischen Bankier des 19. Jahrhunderts als »fiktives Kapital« bezeichnete). Die Stützung der Finanzmärkte – der Wirtschaftshistoriker Robert Brenner nennt es treffend einen »Keynesianismus der Anlagewerte« – und die tendenzielle Verarmung des Großteils der Weltbevölkerung haben es zusammen ermöglicht, dass sich trotz schwachen Wirtschaftswachstums der reale wie fiktive Reichtum in immer weniger Händen konzentriert. Wollte aber beispielsweise Bernard Arnault vom Luxusgüterkonzern LVMH die unfassbaren 211 Milliarden Dollar, die er besitzen soll, in Bares umwandeln, dann würde eben dieser Versuch, die Aktien zu verkaufen, die er an seinem eigenen Unternehmen hält, deren Wert stark einbrechen lassen. Das Vermögen solcher Unternehmer wie auch die Kapitalisierung der führenden Technologieunternehmen (die wertvollsten der Welt) sind Produkte des Zeitalters des Kredits – der inzwischen zum Magischen Geld gesteigert wurde –, nicht des Zeitalters des Geldes, das die Aufstiegsphase des Kapitalismus bildete.

Sollte das Magische Geld aber eines Tages tatsächlich versiegen, stellt sich die Frage: Wann wird die Abrechnung stattfinden, die mithilfe dieses Geldes immer wieder hinausgeschoben wurde? Die Antwort lautet, dass sie bereits seit Jahrzehnten stattfindet und durchaus schmerzhaft ausfällt. Das regelmäßige Platzen von Blasen, das auf den Konten von Privatpersonen und Unternehmen Tausende, Millionen und sogar Milliarden Dollar auslöscht, ist gewissermaßen ein Abschlag auf Schulden, die unmöglich beglichen werden können. Ein spektakuläres Beispiel dafür war der Zusammenbruch der Kryptowährungsbörse ftx im Jahr 2022, noch bedeutsamer aber der Einbruch des Börsenwerts der überschuldeten Adani Group, der Anfang 2023 binnen fünf Tagen 110 Milliarden Dollar nachgab (womit sich das Privatvermögen von Gautam Adani, damals »der drittreichste Mann der Welt«, auf 61 Milliarden Dollar halbierte). Von der Verfasstheit des Systems zeugen aber auch die immer schlechteren Lebens- und Arbeitsbedingungen der Lohnabhängigen weltweit, auch wenn darüber nicht im Zusammenhang mit bestimmten Ereignissen in der Finanzwelt berichtet wird. Es geht um Phänomene wie die Lage in Sri Lanka, wo 2022 nicht genügend Geld für Lebensmittel und Treibstoff vorhanden war; die Aushöhlung von Finanzinstitutionen im Libanon; eine englische Arbeiterklasse, die sich immer häufiger im Winter keine Heizung leisten kann; den drohenden massenhaften Hungertod in Somalia und Afghanistan; die wachsende Armut in den Vereinigten Staaten. Die kommende Rezession – oder Stagnation, sofern die Angst vor sozialen Unruhen erneut das Magische Geld strömen lässt – wird solche Tendenzen nur noch beschleunigen, auch wenn der Staat dann einen Teil des bis dahin erwirtschafteten Geldes verbrennen wird: Wenn er abermals Billionen ausschüttet, dann nicht als Alternative zur Austerität, sondern um sie zu flankieren.

Deutlich erkennbar wurde diese Situation, als die US-Behörden 2023 auf den Ansturm auf die Silicon Valley Bank reagierten, indem sie sämtliche Einlagen garantierten. Das lag teilweise sicherlich an den Kunden – Unternehmer mit großer Bedeutung für den Tech-Sektor, von denen sich rund Tausend per Videoschaltung mit US-Finanzstaatssekretär Joshua Frost trafen und beteuerten, wie sehr sie Amerikas wirtschaftliche Dynamik verkörperten. Als kurz darauf die Schweizer Bankenaufsicht eine Fusion der kollabierenden Credit Suisse mit UBS erzwang, verloren die Inhaber von Anleihen mit 17 Milliarden Dollar alles (während die Aktionäre einen Teil ihres Geldes behielten), aber die Schweizer Nationalbank stellte 100 Milliarden Franken Liquiditätshilfe bereit. Im Fall der Silicon Valley Bank entstand die Schieflage teilweise direkt durch die höheren Leitzinsen, mit denen die Fed die Inflation bekämpfen wollte, und mit der Einlagegarantie wurde dann wiederum gegengesteuert.

Gleichzeitig erhöhten die Fed und andere Zentralbanken weiter die Zinsen, um die Inflation zu bezwingen. So besteht der Wille, der Ära des Magischen Geldes ein Ende zu setzen, und zugleich der Unwille, die Konsequenzen hinzunehmen, die dies für die Profitwirtschaft hätte.

Wie Ruchir Sharma, Kolumnist der *Financial Times*, die Situation prägnant zusammenfasst:

> »Stärker als von niedrigen Zinsen war die Ära des lockeren Geldes von einem zunehmend automatischen Reflex des Staates geprägt, [...] die Wirtschaft vor einem selbst in Aufschwungphasen enttäuschenden Wachstum zu bewahren und in Zeiten der Krise nicht nur Banken und andere Unternehmen, sondern auch Haushalte, Industrien, Finanzmärkte und andere Staaten zu retten. Bei den jüngsten Anstürmen auf Banken wird deutlich, dass diese Ära nicht vorbei ist. Aufgrund der Rückkehr der Inflation gehen die Zentralbanken zu einer strafferen Politik über, aber der Rettungsreflex wird weiterhin stärker. Je stärker er wird, umso weniger dynamisch wird der Kapitalismus. [...] Die Staatseingriffe lindern das von der Krise verursachte Leid, senken langfristig aber Produktivität, Wachstum und Lebensstandards.«[33]

Die rapide Zunahme von Hunger, Obdachlosigkeit, Zwangsmigration und Krisen der öffentlichen Gesundheit in den reichsten wie ärmsten Ländern vergegenwärtigt uns, dass Gewalt auch andere Formen annehmen kann als die früher stets griffbereiten Knüppel und Schusswaffen der Sicherheitskräfte. Ereignisse in wirtschaftlich schwächeren Ländern wie Nigeria, Iran, Somalia, Chile, Ägypten, Peru und Sri Lanka, wo Massenaufständen mit militärischer Gewalt begegnet wurde, führen uns allerdings zugleich vor Augen, dass diese älteren Formen nicht der Vergangenheit angehören. Alexis Moraitis, der über die Internationale Politische Ökonomie forscht, hat nachgezeichnet, wie sich in Frankreich seit dem Zweiten Weltkrieg ein Übergang von der Prosperität zur Austerität vollzogen hat. Wie in vielen anderen Ländern gilt dort:

33 Ruchir Sharma: The Unstoppable Rise of Government Bailouts, in: Financial Times, 27.3.2023.

»Putschdrohungen, ein wachsendes Gefühl von Unsicherheit und zunehmende staatliche Gewalt sind symptomatisch für den anhaltenden wirtschaftlichen Niedergang, der Frankreich erfasst hat. Wie in den meisten entwickelten Ländern lässt das Wachstum nun schon seit Jahrzehnten nach. Die französische Wirtschaft wächst nicht mehr so schnell wie früher und kann daher keine wirtschaftliche Sicherheit und Wohlstand für alle gewährleisten. Je mehr die Wertproduktion versiegt, desto mehr verschärfen sich die Verteilungskämpfe um die vorhandenen Ressourcen und bedrohen die Stabilität der Gesellschaft. Die Stagnation schafft ein Klima, das Hexenjagden fördert: Die Ursachen seines Niedergangs sucht Frankreich bei Migrantenhorden, religiösen Minderheiten oder jungen Krawallmachern.«[34]

In den dreißig Jahren nach dem Zweiten Weltkrieg war eine Inflationsspirale, bei der die Lohnzuwächse durch Preissteigerungen der Unternehmen wieder ausgeglichen wurden, tolerierbar, da Frankreich am allgemeinen Aufschwung der Weltwirtschaft teilhatte. Nach 1980 aber »zerbrach der Inflationskompromiss der Nachkriegszeit: Die französischen Eliten entschieden sich genau deshalb für die europäische Währungsintegration, weil sie die inflationären Tendenzen der Binnenwirtschaft überwinden und die Einkommenssteigerungen in Schach halten wollten.« Das Ergebnis besteht darin, dass der Wunsch, den sozialen Frieden zu gewährleisten, auf eine abnehmende Fähigkeit stößt, für ihn zu zahlen:

»Vor dem Hintergrund einer immer ausgeprägteren Stagnation stellen die staatlichen Eliten fest, dass die bestehenden Instrumente zum Umgang mit gesellschaftlichem Unmut rasch unwirksam werden, und müssen daher andere Mittel finden, um Wirtschaftsreformen gegen sozialen Widerstand durchzusetzen. Da das Zuckerbrot der Sozialausgaben zu kostspielig geworden ist und die Peitsche der europäischen Haus-

34 Alexis Moraitis: Waking Up from Anesthesia. Decline and Violence in France, in: Brooklyn Rail, April 2022, unter https://brooklynrail.org/2022/04/field-notes/Waking-Up-From-Anesthesia-Decline-and-Violence-in-France.

haltsregeln sich als zu schwach erwiesen hat, ist der Rückgriff auf nackte Repression eine verlockende Option für verzweifelte Reformer, die für ihre schmerzhaften Maßnahmen keine Zustimmung der Bevölkerung gewinnen können.«[35]

Wie treffend diese Analyse ist, zeigte sich Anfang 2023 bei den landesweiten Streiks und Protesten gegen das »Reformvorhaben« der Regierung Macron, das Renteneintrittsalter von 62 auf 64 Jahre heraufzusetzen – ein Plan, den die Bevölkerung mit überwältigender Mehrheit ablehnte. Die Regierung ging gegen die Proteste mit immer heftigerer Polizeigewalt vor.

Die Vereinigten Staaten entwickelten sich zu einem Vorreiter beim Einsatz von Polizei und Gefängnis als Ersatz für den Sozialstaat, als Präsident Lyndon Johnsons »Krieg gegen die Armut« in den 1970er-Jahren der Strategie wich, das wachsende Problem überschüssiger Arbeitskräfte durch massenhafte Inhaftierung zu lösen.[36] An welche Grenzen diese Lösung stößt, wurde fünfzig Jahre später deutlich, als die Tötung von George Floyd und vielen anderen durch die Polizei gewaltsame Unruhen auslöste, die ein internationales Echo fanden. Sowohl die Strategie als auch ihre Grenzen zeigen sich heute fast überall auf der Welt; die staatliche Gewalt trifft auf wachsenden sozialen Unmut und auf ganz unterschiedliche gesellschaftliche und politische Reaktionen – von neofaschistischen Umtrieben bis hin zur Forderung nach Abschaffung der Polizei, in der diese Gewalt sich verkörpert.

Der Historiker Steve Fraser geht in seinem Buch »The Age of Acquiescence« (»Das Zeitalter der Zustimmung«) der Frage nach, wie die einstmals lebhafte amerikanische Tradition des antikapitalistischen Klassenkampfs der Akzeptanz des bestehenden Gesellschaftssystems weichen konnte, das fortan als einzig realistischer Rahmen für ein gutes Leben galt.[37] Damit

35 Ebd.

36 Siehe Jarrod Shanahan/Zhandarka Kurti: States of Incarceration. Rebellion, Reform, and America's Punishment System, London 2022, S. 88ff.

37 Steve Fraser: The Age of Acquiescence. The Life and Death of American Resistance to Organized Wealth and Power, New York 2016.

leistete er einen wichtigen, weil historisch fundierten Beitrag zu Versuchen der Nachkriegszeit wie Herbert Marcuses »Der eindimensionale Mensch« (1964) und Guy Debords »Die Gesellschaft des Spektakels« (1967), den Niedergang radikalen Bewusstseins zu begreifen. Fraser verortet den Wendepunkt überzeugend im New Deal, als die US-Regierung, wie unzureichend auch immer, reale Anstrengungen zur Linderung der Not unternahm, die die Depression der amerikanischen Arbeiterklasse aufbürdete. Sein Fokus liegt auf den Vereinigten Staaten, aber wie wir gesehen haben, handelt es sich um eine globale Geschichte: Das »Zeitalter der Zustimmung« fiel mit dem Zeitalter des Kredits zusammen, das zugleich das der Inflation war – schuldenfinanzierte Staatsausgaben, Währungspolitik und die Geldschöpfung im Privatsektor sollten eine kapitalistische Krisendynamik neutralisieren, die der lohnabhängigen Bevölkerungsmehrheit immer wieder Elend beschert.

Wie auch immer die wirtschaftswissenschaftliche Theorie sich wandelte, grundlegend für diese Phase war die praktische Anerkennung der Tatsache, dass Geld ein integraler Bestandteil des bestehenden Systems von Produktion und Verteilung ist, das sich seit dem 16. Jahrhundert als Verhältnis zwischen Lohnarbeitern und ihren Arbeitgebern entwickelt hat, die der Profitproduktion unterworfen sind. Auch wenn die Neoklassik dieses System als eines darstellt, das durch Tauschbeziehungen zwischen Eigentümern konstituiert wird, bestand auf beiden Seiten des Verhältnisses von Kapital und Lohnarbeit immer Klarheit darüber, dass es nur dann funktioniert, wenn die Proportionen von Profiten und Löhnen, ausgedrückt als Geldbeträge, ein anhaltendes Wachstum der Investitionen ermöglichen. Der Keynesianismus bewegte sich zwar näher an der Realität als die Neoklassik, aber sein Versuch, dieses Wachstum als eines des »Volkseinkommens« zu fassen, das der Staat als Vertreter des Allgemeininteresses steuern könne, indem er durch den richtigen Einsatz von Geld Investitionen und Verbrauch ins Gleichgewicht bringt, verfehlte das Wesen des Kapitalismus ebenfalls. Nicht »Wachstum« – die Herstellung von mehr konsumierbaren Gütern – ist in der bestehenden Gesellschaftsform das Ziel der Produktion, sondern die Akkumulation von Kontrolle über die gesellschaftlichen Ressourcen, vermittelt durch die Konkurrenz und ausgedrückt als Geld: die Akkumulation von Kapital. Da das System das Gleichgewicht, das laut der Theorie doch sein Normalzustand sein sollte, nicht herzustellen vermochte, sprangen die Staaten ein, indem sie mit Geld hantierten – mit Steuern, öffentlichen Ausgaben, Krediten. Staatsausgaben aber führen wie gezeigt zur Akkumulation nicht etwa von Kapital, sondern von Schulden; der anhaltende Niedergang der Profitabilität hat ein anhaltend niedriges Investitionsniveau zur Folge. Das Erfordernis des Profits erzwingt daher stärkeren Druck auf die Arbeits- und Lebensbedingungen der produzierenden Klassen weltweit.

Geld ist ein integraler Bestandteil des kapitalistischen Mechanismus, aber an sich weder die Ursache noch die Lösung für die Probleme des Kapitalismus. Mit ihren obsessiven Versuchen, das Geld durch Zentralbanken oder Fiskalpolitik zu steuern, vermeiden die politisch Verantwortlichen es, der tatsächlichen Dynamik der bestehenden Gesellschaft ins Auge zu blicken. Erinnern wir uns: Die Hauptfunktion des monetären Austauschs als zentrale gesellschaftliche Einrichtung besteht darin, den Produzenten den Zugang zu ihrem Produkt zu verwehren, sofern sie sich nicht einen weiteren Tag, eine weitere Woche, einen weiteren Monat der Arbeit unterwerfen, mit der sie die Eigentümer der Unternehmen bereichern. Seit mehr als hundert Jahren scheint dies für die meisten Menschen die bessere Alternative gegenüber den Schwierigkeiten und tödlichen Gefahren zu sein, die eine Infragestellung dieses Zustands mit sich bringen würde. Eine neue Gesellschaftsordnung zu schaffen würde es schließlich erfordern, die Macht denen zu entwinden, die sie heute besitzen, und andere Methoden für die Regelung des Wirtschaftslebens zu erfinden, die nicht länger darauf beruhen, Güter mit einem Preis zu versehen. Ob es bei der breiten Zustimmung zum jetzigen Zustand bleiben wird, wenn die inneren Schranken der kapitalistischen Entwicklung dazu führen, dass der Staat mehr und mehr auf Gewalt setzt und immer weniger auf eine von Krediten gestützte Verwaltung der Gesellschaft, ist eine offene Frage. Die immer drastischeren ökologischen Folgen des ungezügelten Strebens nach Geld – das die Kapitaleigentümer wie auch ihre Beschäftigten beherrscht – könnten durchaus ein weiterer Faktor sein, der zur Abschaffung einer Gesellschaft beiträgt, die Geld zu ihrem zentralen Mysterium gemacht hat. Es mag heute noch schwer vorstellbar sein, aber so wie die bestehende Gesellschaftsordnung einen historischen Anfang hatte, kann man ihr zweifellos auch ein Ende bereiten.

Danksagung

Martha Campbell, Duncan Foley, Fred Moseley, Jason E. Smith und Jose Tapia haben Entwürfe des Textes gelesen und hilfreiche Änderungsvorschläge gemacht. Pavlos Roufos hat mir eine ungemein wertvolle Leseliste zusammengestellt. Katy Siegel war wie immer vom Anfang bis zum Ende als kritische Diskussionspartnerin eine große Hilfe.

Literatur

Aglietta, Michel/André Orléan: La violence de la monnaie, Paris 1984.

Bailey, Martin J.: Administered Prices in the American Economy, in: Joint Economic Committee (Hrsg.): The Relationship of Prices to Economic Stability and Growth. Washington 1958.

Baines, Joseph/Sandy Brian Hager: Covid-19 and the Coming Corporate Debt Catastrophe, unter http://sbhager.com, 13.3.2020.

Ball, Robert J./Peter Doyle (Hrsg.): Inflation. Selected Readings, Harmondsworth 1969.

Bank for International Settlements: Annual Economic Report, June 2022, www.bis.org.

Bernanke, Ben/Harold James: The Gold Standard, Deflation, and Financial Crisis in the Great Depression, in: R. Glenn Hubbard (Hrsg.): Financial Markets and Financial Crisis, Chicago 1991.

Bernholz, Peter: Monetary Regimes and Inflation. History, Economic and Political Relationships, Neuausgabe, Cheltenham 2015.

Braudel, Fernand: Sozialgeschichte des 15.–18. Jahrhunderts, 3 Bde.: Der Alltag; Der Handel; Aufbruch zur Weltwirtschaft, übers. v. Siglinde Summerer u. Gerda Kurz, München 1985–1986.

Brenner, Robert: What is Good for Goldman Sachs Is Good for America. The Origins of the Present Crisis, University of California, Los Angeles, Center for Social Theory and Comparative History, 2009, unter www.escholarship.org/uc/item/0sg0782h.

Bresciani-Turroni, Costantino: The Economics of Inflation. A Study of Currency Depreciation in Post-War Germany, 1914–1923, übers. v. Millicent E. W. Savers, New York 1937.

Bryan, Michael F.: On the Origin and Evolution of the Word Inflation, Federal Reserve Bank of Cleveland, 15.10.1997.

Cameron, David R.: Does Government Cause Inflation? Taxes, Spending, and Deficits, in: Lindberg/Maier (Hrsg.): The Politics of Inflation and Economic Stagnation, Washington 1985.

Campbell, Martha: Marx and Keynes on Money, in: International Journal of Political Economy, 3/1997, S. 65–91.

Campbell, Martha: Marx's Explanation of Money's Functions. Overturning the Quantity Theory, in: Fred Moseley (Hrsg.): Marx's Theory of Money. Modern Appraisals, London 2005, S. 143–159.

Carruthers, Bruce G./Sarah Babb: The Color of Money and the Nature of Value. Greenbacks and Gold in Postbellum America, in: American Journal of Sociology, 6/1996, S. 1556–1591.

Collins, Robert M.: The Business Response to Keynes, 1929–1964, New York 1981.

Cowdin, Elliot C.: Historical Sketch of Currency and Finance. An Address Delivered Before the Citizens of Cincinnati, Ohio in Robinson's Opera House, June 12, 1876, Cincinnati 1876.

De Vroey, Michael: Inflation. A Non-Monetarist Monetary Interpretation, in: Cambridge Journal of Economics, 4/1984, S. 381–399.

Domhoff, G. William: The Myth of Liberal Ascendancy, London 2013.

Eichengreen, Barry: Vom Goldstandard zum Euro. Die Geschichte des internationalen Währungssystems, übers. v. Udo Rennert u. Wolfgang Rhiel, Berlin 2000.

Falzani, David: Double Your Price. The Strategy and Tactics of Smart Pricing, Harlow 2023.

Fischer, David H.: The Great Wave. Price Revolutions and the Rhythm of History, Oxford 1996.

Flamant, Maurice/Jeanne Singer-Kérel: Modern Economic Crises and Recessions, New York 1970.

Foley, Duncan K.: On Marx's Theory of Money, in: Social Concept, 1/1983, S. 5–19.

Foley, Duncan K.: Marx's Theory of Money in Historical Perspective, in: Fred Moseley (Hrsg.): Marx's Theory of Money. Modern Appraisals, London 2005.

Fraser, Steve: The Age of Acquiescence. The Life and Death of American Resistance to Organized Wealth and Power, New York 2016.

Friedman, Milton: Monetary Theory and Policy, Statement Before the Joint Economic Committee, 86th Congress, 1st Session, May 25–8, 1959, in: Robert J. Ball/Peter Doyle (Hrsg.): Inflation. Selected Readings, Harmondsworth 1969.

Friedman, Milton: The Demand for Money. Some Theoretical and Empirical Results, in: Journal of Economic Policy, 4/1959, S. 327–351.

Friedman, Milton/Anna Jacobsen Schwartz: A Monetary History of the United States, 1867–1960, Princeton 1963.

Friedman, Milton: The Role of Monetary Policy, in: American Economic Review, 1/1968, S. 1–17.

Friedman, Milton: Japan and Inflation, in: Newsweek, 4.9.1978.

Friedman, Milton: Quantity Theory of Money, in: John Eatwell u. a. (Hrsg.): The New Palgrave. A Dictionary of Economics, London 1987.

Gabor, Daniela/Jacob Vestergaard: Towards a Theory of Shadow Money, Institute for New Economic Thinking Working Paper, April 2016, unter https://www.ineteconomics.org/research/research-papers/towards-a-theory-of-shadow-money.

Galbraith, John Kenneth: Geld. Woher es kommt, wohin es geht, übers. v. Karl Otto von Czernicki, München/Zürich 1976.

Greider, William: Secrets of the Temple. How the Federal Reserve Runs the Country, New York 1989.

Grossmann, Henryk: Marx, die klassische Nationalökonomie und das Problem der Dynamik, Frankfurt am Main/Wien 1969.

Haberler, Gottfried von: Prosperität und Depression. Eine theoretische Untersuchung der Konjunkturbewegungen, übers. v. Christof Reiner u. H. G. Bieri, Bern 1948.

Hansen, Niels-Jakob/Frederik Toscani/Jing Zhou: Euro Area Inflation after the Pandemic and Energy Shock. Import Prices, Profits and Wages, International Monetary Fund Working Paper 131 (Juni 2023), unter https://www.imf.org/en/Publications/WP/Issues/2023/06/23/Euro-Area-Inflation-after-the-Pandemic-and-Energy-Shock-Import-Prices-Profits-and-Wages-534837.

Hasenzagi, Thomas u. a.: The Inflation Puzzle in the Euro Area – It's the Trend Not the Cycle!, 16.10.2019, unter https://cepr.org/voxeu/columns/inflation-puzzle-euro-area-its-trend-not-cycle.

Hausman, Daniel M.: Capital, Profits, and Prices. An Essay in the Philosophy of Economics, New York 1981.

Hawtrey, R. G.: Währung und Kredit, Jena 1926

Hickman, Bert G.: An Interpretation of Price Movements Since the End of World War II, in: Joint Economic Committee (Hrsg.): The Relationship of Prices to Economic Stability and Growth, S. 205–208.

Hirsch, Abraham: Wesley Clair Mitchell, J. Lawrence Laughlin, and the Quantity Theory of Money, in: Journal of Political Economy, 6/1967, S. 822–843.

Hume, David: Über Geld, in: ders.: Politische und ökonomische Essays. Bd. 2, übers. v. Susanne Fischer, Hamburg 1988, S. 205–218.

Humphrey, Thomas M.: The Quantity Theory of Money. Its Historical Evolution and Role in Policy Debates, Federal Reserve Bank of Richmond Economic Review, Mai/Juni 1974.

Ingham, Geoffrey: The Nature of Money, London 2004.

Johnson, Harry G.: Comment on Mayer on Monetarism, in: Thomas Mayer (Hrsg.): The Structure of Monetarism, New York 1978.

Joint Economic Committee (Hrsg.): The Relationship of Prices to Economic Stability and Growth, Washington 1958.

Kaldor, Nicholas: How Monetarism Failed, in: Challenge, 2/1985, S. 4–13.

Kelton, Stephanie: Der Defizit-Mythos. Die Modern Monetary Theory und die Gestaltung einer besseren Wirtschaft, übers. v. Elborg Nopp, Berlin 2021.

Kennedy, Scott: The Price of Competition. Pricing Policies and the Struggle to Define China's Economic System, in: China Journal, 1/2003, S. 1–30.

Keohane, R. O.: The International Politics of Inflation, in: Leon N. Lindberg/Charles Maier (Hrsg.): The Politics of Inflation and Economic Stagnation, Washington 1985.

Keynes, John Maynard: Allgemeine Theorie der Beschäftigung, des Zinses und des Geldes, übers. v. Nicola Liebert, Berlin 2017.

Klein, Rudolf: Public Expenditure in an Inflationary World, in: Leon N. Lindberg/Charles Maier (Hrsg.): The Politics of Inflation and Economic Stagnation, Washington 1985.

Knapp, Georg F.: Staatliche Theorie des Geldes [1905], 4. Aufl., München/Leipzig 1923.

Lerner, Abba P.: Inflationary Depression and the Regulation of Administered Prices, in: Joint Economic Committee (Hrsg.): The Relationship of Prices to Economic Stability and Growth, Washington 1958.

Levinson, Charles: Capital, Inflation, and the Multinationals, New York 1971.

Lindberg, Leon N./Charles Maier (Hrsg.): The Politics of Inflation and Economic Stagnation, Washington 1985.

Lowrey, Annie: The Great Affordability Crisis Breaking America, in: The Atlantic, Februar 2020.

MacFarlane, Helen/Paul Mortimer-Lee: Inflation over 300 Years, in: Bank of England Quarterly Bulletin, 2/1994.

Maddison, Angus: The World Economy in the 20th Century, Paris 1989.

Maier, Charles: Inflation and Stagnation as Politics and History, in: Leon N. Lindberg/Charles Maier (Hrsg.): The Politics of Inflation and Economic Stagnation, Washington 1985.

Mallaby, Sebastian: The End of Magic Money. Inflation and the Future of Economic Stimulus, in: Foreign Affairs, 11.7.2022.

Marx, Karl/Friedrich Engels: Werke [MEW], Berlin 1956 ff.

Marx, Karl: Das Kapital. Erster Band, in: MEW, Bd. 23.

Marx, Karl: Das Kapital. Dritter Band, in: MEW, Bd. 25.

Marx, Karl: Der Bank Act von 1844 und die Geldkrise in England, in: MEW, Bd. 12, S. 314–319.

Marx, Karl: Zur Kritik der politischen Ökonomie, in: MEW, Bd. 13, S. 3–160.

Marx, Karl: Fragment des Urtextes von »Zur Kritik der politischen Ökonomie« (1858), in: ders.: Grundrisse der Kritik der politischen Ökonomie, Berlin 1953, S. 871–947.

Mattick, Paul (Jr.): Business as Usual. Krise und Scheitern des Kapitalismus, übers. v. Felix Kurz, Hamburg 2013.

Mattick, Paul (Jr.): Theory as Critique. Essays on Capital, Chicago 2019.

Mattick, Paul (Jr.): Social Knowledge. An Essay on the Nature and Limits of Social Science, 2. Auflage, London 2021.

Mattick, Paul: The Keynesian International, in: Contemporary Issues, 8/1951, S. 299–311.

Mattick, Paul: Marx und Keynes. Die Grenzen des gemischten Wirtschaftssystems, übers. v. Reiner Diederich u. Klaus Hermann, Frankfurt a. M./ Wien 1971.

Mattick, Paul: Economics, Politics and the Age of Inflation, London 1978.

Mayer, Thomas (Hrsg.): The Structure of Monetarism, New York 1978.

Menger, Karl: On the Origin of Money, in: Economic Journal, 6/1892, S. 239–255.

Mester, Loretta J.: The Role of Inflation Expectations in Monetary Policymaking. A Practitioner's Perspective, Vortrag auf dem EZB-Forum »Challenges for Central Bank Policy in a Rapidly Changing World« (Sintra, Portugal, 29.6.2022), unter www.ecb.europa.eu/pub/conferences/ecbforum/shared/pdf/2022/Mester_speech.pdf.

Mikuni, Akio/R. Taggart Murphy: Japan's Policy Trap. Dollars, Deflation, and the Crisis of Japanese Finance, Washington 2002.

Mirowski, Philip: More Heat Than Light. Economics as Social Physics, Physics as Nature's Economics, Cambridge 1989.

Mirowski, Philip: The When, the How and the Why of Mathematical Expression in the History of Economic Analysis, in: Journal of Economic Perspectives, 1/1991, S. 145–157.

Mitchell, Wesley Clair: The Quantity Theory of the Value of Money, in: Journal of Political Economy, 2/1896, S. 139–165.

Mitchell, Wesley Clair: Der Konjunkturzyklus. Problem und Problemstellung, übers. v. Ulrich Küntzel u. Hanna Stern, Leipzig 1931.

Mitchell, Wesley Clair: Types of Economic Theory, From Mercantilism to Institutionalism, 2 Bde., New York 1969.

Modigliani, Franco/Lucas Papademos: Targets for Monetary Policy in the Coming Year, Brookings Papers on Economic 1/1075, Washington 1975.

Moraitis, Alexis: Waking Up from Anesthesia. Decline and Violence in France, in: Brooklyn Rail, April 2022, unter https://brooklynrail.org/2022/04/field-notes/Waking-Up-From-Anesthesia-Decline-and-Violence-in-France.

Morgenstern, Oskar: Über die Genauigkeit wirtschaftlicher Beobachtungen, 2. bearb. und erw. Ausgabe, übers. v. E. Schlecht, Wien/Würzburg 1965.

Munro, John: Review of »American Treasure and the Price Revolution in Spain, 1501–1650«, https://eh.net/book_reviews/american-treasure-and-the-price-revolution-in-spain-1501-1650.

Norfield, Tony: The City. London and the Global Power of Finance, London 2016.

OECD, Corporate Bond Debt Continues to Pile Up, 18.2.2020, unter https://web-archive.oecd.org/2020-02-18/545670-corporate-bond-debt-continues-to-pile-up.htm.

Paxton, Robert O.: Anatomie des Faschismus, übers. v. Dietmar Zimmer, München 2006.

Phillips, A. W.: The Relation Between Unemployment and the Rate of Change of Money Wage Rates in the United Kingdom, 1861–1957, in: Economica, 11/1958, S. 283–299.

Politano, Joseph: Are Rising Corporate Profit Margins Causing Inflation?, in: Apricitas Economics, 1.1.2022, unter https://www.apricitas.io/p/are-rising-corporate-profit-margins.

Ricardo, David: Reply to Mr Bosanquet's Observations on the Report of the Bullion Committee, London 1811.

Rippy, Darren: The First Hundred Years of the Consumer Price Index. A Methodological and Political History, U.S. Bureau of Labor Statistics Monthly Labor Review, April 2014, doi.org/10.21916/mlr.2014.13.

Romer, Christina: What Ended the Great Depression?, in: Journal of Economic History, 4/1992, S. 757–784.

Romer, Christina/David H. Romer: The Evolution of Economic Understanding and Postwar Stabilization Policy, NBER Working Paper 9274 (Oktober 2002).

Roosevelt, Franklin D.: The Public Papers and Addresses of Franklin D., Bd. III, New York 1938.

Rudd, Jeremy B.: Why Do We Think that Inflation Expectations Matter for Inflation? (And Should We?), Finance and Education Discussion Series 2021-062, Board of Governors of the Federal Reserve System, Washington 2021, doi.org/10.17016/feds.2021.062.

Salvati, Michele: The Italian Inflation, in: Leon N. Lindberg/Charles Maier (Hrsg.): The Politics of Inflation and Economic Stagnation, Washington 1985.

Sanchez, Juan M./Hee Sung Kim: Why Is Inflation So Low?, in: Federal Reserve Bank of St. Louis Regional Economist, 2.2.2018, www.stlouisfed.org.

Schiller, Robert J.: Why Do People Dislike Inflation?, NBER Working Paper 5539, Cambridge 1996.

Schularick, Moritz/Alan Taylor: Credit Booms Gone Bust. Monetary Policy, Leverage Cycles, and Financial Crises, 1870–2008, in: American Economic Review, 2/2012, S. 1029–1061.

Schumpeter, Joseph A.: Über die mathematische Methode der theoretischen Ökonomie, in: Zeitschrift für Volkswirtschaft, Sozialpolitik und Verwaltung, 15/1906, S. 30–49.

Schumpeter, Joseph A.: Theorie der wirtschaftlichen Entwicklung, Berlin 1911

Schumpeter, Joseph A.: Geschichte der ökonomischen Analyse, 2 Bde., Göttingen 1965.

Shanahan, Jarrod/Zhandarka Kurti: States of Incarceration. Rebellion, Reform, and America's Punishment System, London 2022.

Shih, Victor C.: Factions and Finance in China. Elite Conflict and Inflation, Cambridge 2008.

Skidelsky, Robert: Money and Government. The Past and Future of Economics, New Haven 2018.

Slawson, W. David: The New Inflation. The Collapse of Free Markets, Princeton 1981.

Smith, Jason E.: Smart Machines and Service Work. Automation in an Age of Stagnation, London 2020.

Stein, Herbert: The Fiscal Revolution in America, Chicago 1969.

Tapia, Jose A.: Profits Encourage Investment, Investment Dampens Profits, Government Spending Does Not Prime the Pump. A DAG Investigation of Business-Cycle Dynamics, Mai 2015, unter https://mpra.ub.uni-muenchen.de/64698/1/mpra_paper_64698.pdf.

Tapia, Jose A.: Six Crises of the World Economy. Globalization and Economic Turbulence from the 1970s to the COVID-19 Pandemic, Basingstoke 2023.

Toniolo, Gianni: Europe's Golden Age, 1950–1973, in: Economic History Review, 2/1998, S. 252–267.

Tooze, Adam: Ökonomie der Zerstörung. Die Geschichte der Wirtschaft im Nationalsozialismus, übers. v. Yvonne Badal, München 2007.

Tooze, Adam: Crashed. Wie zehn Jahre Finanzkrise die Welt verändert haben, übers. v. Norbert Juraschitz u. a., München 2018.

Weber, Isabella u. a.: Inflation in Times of Overlapping Emergencies. Systemically Significant Prices from an Input-output Perspective, Economic Department Working Paper Series 340, University of Massachusetts Amherst, 2020.

Weintraub, Sidney: The Keynesian Theory of Inflation. The Two Faces of Janus?, in: International Economic Review, 1/1960, neuveröffentlicht in: Robert J. Ball/Peter Doyle (Hrsg.): Inflation. Selected Readings, Harmondsworth 1969.

Wells, David A.: Recent Economic Changes and Their Effect on the Production and Distribution of Wealth and the Well-Being of Society, New York 1890.

Wicksell, Knut: Vorlesungen über Nationalökonomie auf Grundlage des Marginalprinzips, Bd. 2, Jena 1920.

Williams, Raymond: Keywords. A Vocabulary of Culture and Society, Neuausgabe, New York 1985.

Ingo Stützle (Hrsg.)
Work-Work-Balance

Wie im Kapitalismus aus Geld mehr Geld werden kann, zeigt Marx im »Kapital«. Das Zauberwort lautet Ausbeutung. Sie umfasst auch immer die Verfügungsmacht über die Arbeits- und Lebenszeit derjenigen, die ausgebeutet werden.

»Work-Work-Balance« geht vor diesem Hintergrund auf der Suche nach einem besseren Leben jenseits von Selbstoptimierung und Arbeitsverdichtung den historischen und vor allem aktuellen Kämpfen um Lebens- und Arbeitszeit nach.

Mit Beiträgen von Christian Brütt, Christian Christen, Christoph Deutschmann, Lukas Eggert, Norman Jakob, Leo Kühberger, Kalle Kunkel, Hanna Meißner, Gabriela Muri, Gisela Notz, Claudia Sorger und Regina Wecker.

Ingo Stützle (Hrsg.)
Work-Work-Balance
Marx, die Poren des Arbeitstags und neue Offensiven des Kapitals
264 Seiten, Broschur
ISBN 978-3-320-02366-9